T0198681

essentials

essentials liefern aktuelles Wissen in konzentrierter Form. Die Essenz dessen, worauf es als „State-of-the-Art" in der gegenwärtigen Fachdiskussion oder in der Praxis ankommt. *essentials* informieren schnell, unkompliziert und verständlich

- als Einführung in ein aktuelles Thema aus Ihrem Fachgebiet
- als Einstieg in ein für Sie noch unbekanntes Themenfeld
- als Einblick, um zum Thema mitreden zu können

Die Bücher in elektronischer und gedruckter Form bringen das Expertenwissen von Springer-Fachautoren kompakt zur Darstellung. Sie sind besonders für die Nutzung als eBook auf Tablet-PCs, eBook-Readern und Smartphones geeignet. *essentials:* Wissensbausteine aus den Wirtschafts-, Sozial- und Geisteswissenschaften, aus Technik und Naturwissenschaften sowie aus Medizin, Psychologie und Gesundheitsberufen. Von renommierten Autoren aller Springer-Verlagsmarken.

Weitere Bände in dieser Reihe http://www.springer.com/series/13088

Ulrich Scherrmann

Erste Hilfe bei Burnout in Organisationen

Ein Ratgeber für Führungskräfte und Personalverantwortliche

Ulrich Scherrmann
Neue Horizonte
Gais/AR, Schweiz

ISSN 2197-6708   ISSN 2197-6716 (electronic)
essentials
ISBN 978-3-658-14510-1   ISBN 978-3-658-14511-8 (eBook)
DOI 10.1007/978-3-658-14511-8

Die Deutsche Nationalbibliothek verzeichnet diese Publikation in der Deutschen Nationalbibliografie; detaillierte bibliografische Daten sind im Internet über http://dnb.d-nb.de abrufbar.

Springer
© Springer Fachmedien Wiesbaden 2017

Gedruckt auf säurefreiem und chlorfrei gebleichtem Papier

Springer ist Teil von Springer Nature
Die eingetragene Gesellschaft ist Springer Fachmedien Wiesbaden GmbH

Was Sie in diesem *essential* finden können

- Sie erhalten übersichtliche Informationen, wie man Anzeichen von Burnout oder Depression bei Mitarbeitenden erkennen kann.
- Sie erkennen anhand eines mehrdimensionalen Burnout-Modells, dass vielfältige Faktoren in einer Organisation Stress und Burnout auslösen können.
- Sie erfahren konkret, welche personalen Burnout-Faktoren und welche Faktoren in einer Organisation für das Entstehen von Stress und Burnout verantwortlich sind.
- Sie erkennen die Wichtigkeit der Prophylaxe („Zur Gesundheit im Unternehmen Sorge tragen") und erhalten Hilfestellungen, um bei Gefahr rechtzeitig und wirkungsvoll zu handeln.
- Sie erhalten Tipps, wie sie als Führungskraft mit von Burnout betroffenen Mitarbeitenden umgehen können.

Hinweise

Sprachliche Gleichbehandlung

Zur besseren Lesbarkeit wird im Text die geschlechtsneutrale Schreibweise ange-
wandt. Soweit personenbezogene Bezeichnungen nur in männlicher oder weibli-
cher Form angeführt sind, beziehen sie sich auf Frauen und Männer in gleicher
Weise.

Begriffsverwendung

Die Begriffe „Organisation" und „Unternehmen" werden in diesem Buch sowohl
gemeinsam als auch separat verwandt. Damit soll darauf aufmerksam gemacht
werden, dass Stress und Burnout sowohl in gewinnorientierten als auch nicht
gewinnorientierten Einrichtungen auftreten.

Inhaltsverzeichnis

Abbildungsverzeichnis

Grundlagen: Zahlen und Fakten 1

Fast täglich erscheinen in den Medien Berichte über Burnout. Dabei fällt auf, dass diejenigen Menschen, die über ihr „Schicksal" berichten, mitunter schwierige Situationen an ihrem Arbeitsort oder in der Familie bewältigen mussten. Ein Burnout blieb den meisten auch nicht „in den Kleidern" hängen, sondern prägte sie auch nach der Genesung während Monaten und Jahren.

In der Arbeitswelt ist erfreulicherweise immer mehr erkennbar, dass man Burnout (und andere psychische Erkrankungen) ernst nimmt. Viele Führungskräfte erleben am eigenen Leib und erfahren in Gesprächen mit ihren Mitarbeitenden, dass die Arbeitsbelastungen hoch sind und viele an den Rand ihrer Kräfte bringen.

Diese Belastungssituationen sind auch durch seriöse Zahlen untermauert: So ermittelte Gesundheitsförderung Schweiz, eine Stiftung, die von Kantonen und Versicherern getragen wird, im Jahr 2015 im „Job-Stress-Index 2015" folgende Kennzahlen.

Job-Stress-Index 2015
„(1) Gut jeder fünfte Erwerbstätige (22,5 %) hat Stress, d. h. mehr Belastungen als Ressourcen am Arbeitsplatz.
(2) Gut jeder fünfte Erwerbstätige (22,6 %) ist erschöpft.
(3) Die Erschöpfungsrate wird maßgeblich durch Verhältnisse bei der Arbeit beeinflusst.
(4) Stress kostet die Arbeitgeber 5 Mrd. Franken pro Jahr" (Gesundheitsförderung Schweiz 2015, S. 2–4).

© Springer Fachmedien Wiesbaden 2017
U. Scherrmann, *Erste Hilfe bei Burnout in Organisationen*, essentials,
DOI 10.1007/978-3-658-14511-8_1

Zu ähnlichen Ergebnissen kommt eine 2015 durchgeführte repräsentative Umfrage bei 1500 Arbeitnehmenden (Travailsuisse 2015, S. 5). Dabei erzielen die Kriterien Stress und psychische Belastung die schlechtesten Werte und zeigen eine deutliche Tendenz nach oben: Gegenüber der Befragung des Schweizer Staatssekretariats für Wirtschaft aus dem Jahr 2010, die eine Quote von 34 % ergab, fühlen sich 40 % der Befragten im Jahr 2015 oft oder sehr häufig gestresst.

Ähnliche Fakten findet man auch in Deutschland: Dort ist die Zahl der Fehltage im Zeitraum von 2001 bis 2012 von 33,6 Millionen auf 60 Millionen. gestiegen. Zudem verursachen psychische Störungen die längsten Fehlzeiten. Während bei Herz- und Kreislauferkrankungen Arbeitnehmende an durchschnittlich 22,5 Tagen ausfallen, beträgt die Zahl bei psychischen Belastungen im Jahr 2013 40,1 Tage (Initiative Neue Qualität der Arbeit o. J., S. 1).

Diese wenigen Zahlen und Fakten genügen wohl, um deutlich zu machen, dass auch aus ökonomischen Interesse Organisationen vermehrt ihre Aufmerksamkeit auf Stress, Burnout und psychische Erkrankungen legen sollten. Schließlich kosten Ausfalltage nicht nur Geld, sondern bringen vielfältige Kosten mit sich in Form von Stellvertretungen, Neuorganisationen, notwendiger Einarbeitung, Reklamationen von Kunden usw.

„Burnout": Begriff – Definition – Terminologie und Diagnose

2

2.1 Definition, Terminologie und Symptome

Bis heute gibt es keine einheitliche Definition von Burnout. Zumindest in der Umgangssprache wird so ziemlich alles, was mit Stress, Ermüdung oder Motivationsverlust zu tun hat, mit Burnout gleichgesetzt.

Drei Hauptsymptome werden immer wieder erwähnt (Schulze 2009, S. 201 f.):

1. **körperliche und seelische Erschöpfung**
2. **Zynismus** gegenüber der Arbeit, Kollegen oder Kunden
3. **Ineffektivität** des beruflichen Handelns und Verlust der beruflichen Kompetenz

Bei diesen Symptomen gilt es zu beachten, dass die Dauer der Belastung und die Tatsache, dass diese Menschen vorher gesund waren, wichtig ist. Eine kurzfristige Erschöpfung ist noch kein Burnout-Symptom; ebenso muss eine Erschöpfung, die durch eine ernsthafte Krankheit ausgelöst wird (z. B. eine Krebserkrankung), gesondert behandelt werden.

Eine sehr praktikable Beschreibung stammt aus dem holländischen Krankensystem. Dort wird Burnout folgendermaßen definiert:

▶ **Burnout**

- Mindestens drei (typischerweise wesentlich mehr) der folgenden Beschwerden müssen gegeben sein:

© Springer Fachmedien Wiesbaden 2017

U. Scherrmann, *Erste Hilfe bei Burnout in Organisationen*, essentials,

DOI 10.1007/978-3-658-14511-8_2

- Müdigkeit
- Gestörter oder unruhiger Schlaf
- Reizbarkeit
- Gesunkene Fähigkeit, Druck und Unsicherheit zu bewältigen
- Emotionale Labilität
- Grübeleien
- Gefühl von Gehetztheit
- Konzentrationsprobleme und/oder Vergesslichkeit

- Die Gefühle von Kontrollverlust und/oder Hilflosigkeit müssen darauf zurückgehen, dass Stressoren nicht bewältigt werden können.
- Mindestens eine soziale Rolle (z. B. ‚Arbeitnehmer‘ oder ‚Elternteil‘) kann höchstens noch zur Hälfte ausgefüllt werden.
- Die obigen Symptome dürfen nicht ausschließlich auf eine psychiatrische Erkrankung (z. B. eine Depression) zurückgehen.
- Die Beschwerden müssen mindestens seit 6 Monaten bestehen (Burisch 2015, S. 11 f.).

2.2 Burnout – eine Krankheit?

Im internationalen Klassifikationssystem von Diagnosen (ICD 10) taucht Burnout als eigentliche Krankheit nicht auf. Dies hat mitunter auch schon dazu verleitet, die Existenz eines Burnout-Syndroms gänzlich zu bestreiten oder von einer Modediagnose zu sprechen (Dech 2009, S. 210).

Burnout wird heute im ICD-10-GM Version 2016 im Kapitel XXI („Faktoren, die den Gesundheitszustand beeinflussen und zur Inanspruchnahme des Gesundheitswesens führen") unter dem Schlüssel Z73 („Probleme mit Bezug auf Schwierigkeiten bei der Lebensbewältigung") mit „Ausgebranntsein" (Burnout) erfasst.

Die immer größer werdende Relevanz von Burnout bewegte im März 2012 die Deutsche Gesellschaft für Psychiatrie, Psychotherapie und Nervenheilkunde (DGPPN) zu einem Positionspapier zu Burnout. Darin werden sowohl die arbeitsplatzbezogenen als auch die individuellen Auslösefaktoren in einer Gesamtschau berücksichtigt und auch schon evtl. bestehende Krankheiten mit einbezogen.

Das DGPPN-Konzept (DGPPN 2012, S. 3–7) beinhaltet folgende Elemente (vgl. Abb. 2.1):

Dieses Konzept bietet – ähnlich wie die holländische Definition – eine gute Orientierung auch für den Nicht-Mediziner.

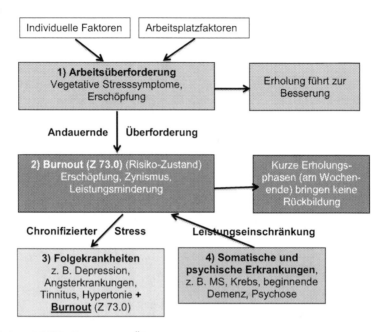

Abb. 2.1 DGPPN Konzept zum Übergang von Arbeitsbelastung und Krankheit. (DGPPN 2012, S. 4 – Anpassung durch Verfasser)

1. Aufgrund von individuellen oder arbeitsplatzbezogenen Faktoren kann es zu Stresssymptomen, Schlafstörungen oder Erschöpfung kommen. Klingen diese Phänomene nach einer gewissen Zeit wieder ab, bzw. bilden sie sich in Erholungsphasen zurück, liegt noch kein Burnout vor.

2. Dauert dieser Zustand aber über längere Zeit (mehrere Wochen bis Monate) an, und bildet er sich in kurzen Erholungsphasen nicht zurück, sollte die Bezeichnung Burnout verwendet werden. Als Ursachen eines Burnouts kommen sowohl individuelle als auch arbeitsplatzbezogene Faktoren infrage. Die auftretenden Beschwerden stellen aber noch keine Krankheit nach ICD-10 dar.

3. Allerdings können die Stresserfahrungen im Zusammenhang mit Burnout dazu führen, dass eine „ernsthafte" Erkrankung ausgelöst wird: Der Stress eines Burnouts kann dazu führen, dass Menschen, die z. B. in früheren Jahren eine Depression hatten, wieder erkranken.

4. Auf jeden Fall ist eine genaue medizinische Diagnostik wichtig, weil es auch sein kann, dass eine bestehende Krankheit, z. B. eine Depression zur Erschöpfung am Arbeitsplatz und zum Gefühl der Überforderung führt.

2.3   Diagnose von Burnout

Die aufgeführten Definitionen scheinen den Schluss nahezuliegen, dass die ärztliche Diagnose eines Burnouts recht einfach wäre. Dem ist aber (leider) nicht so. Bis heute existieren noch keine objektiven Parameter zur Diagnostik von Burnout. Das häufig benutzte Maslach Burnout-Inventar (MBI) erfasst keine objektiven Daten, sondern ist (nur) ein Fragebogen zur Selbstbeurteilung.

Dies führt (leider) auch dazu, dass Statistiken über „Burnout-Fälle" mit Vorsicht zu genießen sind: Sehr häufig führt z. B. ein Burnout, der in eine Depression mündet, dazu, dass in der Kennzeichnung für die Krankenkasse nur die Depression ohne Z73 verwandt wird.

In der klinischen Diagnose wird von Ärzten ein Burnout festgestellt durch:

- Das Leitsymptom der andauernden Erschöpfung und anderer psychosomatischer Beschwerden und
- Den Begleitphänomenen der Distanzierung von der Arbeit und reduzierter beruflicher Leistung.

In der Differenzialdiagnostik sollte darauf geachtet werden, dass klare somatische Ursachen (z. B. Herzinsuffizienz oder Eisenmangel), psychiatrische Störungen (z. B. generalisierte Angsterkrankung oder Essstörungen) oder Schlafstörungen im Sinne einer Insomnie (Schlaflosigkeit) für einen Erschöpfungszustand ausgeschlossen werden (Känel 2008, S. 479 f.).

Sehr beliebt, v. a. in Zeitschriftenartikeln über Burnout, ist die Schilderung von bestimmten Burnout-Phasen oder Burnout-Spiralen. Auch wenn diese für den Leser plausibel sein mögen und den Verlauf des Syndroms illustrieren können: Die Deutsche Gesellschaft für Psychiatrie, Psychotherapie und Nervenheilkunde (DGPPN) warnt auch vor diesen häufig publizierten Burnout-Phasen oder Burnout-Spiralen. Sie begründet dies damit, dass Phasen- und Stufenmodelle wissenschaftlich nicht evident sind und auch mit den Diagnosekriterien nach ICD unvereinbar sind (DGPPN 2012, S. 3).

2.4   Burnout und Depression

Burnout wird oft in Verbindung mit Depression gebracht. Es gibt auch viele Übereinstimmungen von Symptomen des Burnouts und der Depression, z. B. Antriebslosigkeit, eine niedergedrückte Stimmung oder erhöhte Ermüdbarkeit, während die Reizbarkeit eher charakteristisch für Burnout ist (Burisch 2015, S. 13).

Eine hilfreiche Abgrenzung kann über die Ursache für ein Burnout gezogen werden: Burnout ist immer an Belastungen im Zusammenhang mit dem Arbeitsplatz gekoppelt (Unger und Kleinschmidt 2007, S. 80). Gleichzeitig tauchen bei einer Depression Symptome auf, die über das Burnout-Syndrom hinausgehen, z. B. verminderte Konzentration und Aufmerksamkeit, vermindertes Selbstwertgefühl und Selbstvertrauen oder Suizidgedanken bzw. -handlungen.

Zur Abgrenzung Depression – Burnout sind Aussagen des Berner Psychosomatikers Prof. Dr. Roland von Känel hilfreich (Känel 2008, S. 481 f.):

- Hauptsymptom eines Burnout-Syndroms ist eine über Monate andauernde Erschöpfung.
- Demgegenüber sind lt. ICD 10 eine niedergeschlagene, gedrückte Stimmung, Interessenverlust und Freudlosigkeit sowie ein verminderter Antrieb über zwei Wochen Dauer Hauptsymptome einer depressiven Störung. Eine Erschöpfung muss nicht zwingend vorliegen.
- Mit zunehmendem Schweregrad steigt die Wahrscheinlichkeit an, dass gleichzeitig zum Burnout auch eine Depression vorliegt.

Damit ergeben sich auch für den „Laien" recht praktikable Hinweise, ob ein Burnout oder eine Depression vorliegt:

- Ein Mitarbeiter ist nicht relevant depressiv, wenn er eine Reihe von Aktivitäten aufzählen kann, die er bei geringerer Erschöpfung tun würde. Ist der Mitarbeiter z. B. ein begeisterter Bergsteiger dann würde er sagen: „Ja, ich würde gerne wieder mal eine Hochtour auf den Berg XY machen. Aber momentan bin ich einfach zu kaputt." Vielleicht hat er sogar Angst, nachher noch erschöpfter zu sein, so dass er dies vermeiden möchte.
- Demgegenüber hat ein depressiver Patient keine Lust, etwas zu unternehmen und weiß auch nicht, was er machen könnte.
- Sowohl depressive Menschen als auch Burnout-Betroffene zeigen einen verminderten Antrieb und sozialen Rückzug.

Wie kommt es zu einem Burnout – eine vertiefende Betrachtung

3

In der Praxis tauchen bei Patienten oft zwei gegensätzliche Erklärungsmuster für ihr Burnout auf. Einige sagen, dass sie in der Vergangenheit zu wenig NEIN zu Anforderungen gesagt haben, ein schlechtes Zeitmanagement hatten oder es versäumten, sich von zusätzlichen Aufgaben abzugrenzen. Andere wiederum führen die katastrophalen Arbeitsumstände an, die sie an den Rand ihrer Leitungsfähigkeit gebracht haben.

Arbeitet man mit diesen Menschen in einem längeren Prozess und schaut sowohl die personalen als auch die organisationalen Ursachen an, lassen sich oftmals die Antipoden „Persönlichkeit" versus „Umwelt" auflösen. Es ist selten nur der eine oder der andere Faktor: Persönliche Prägung und organisationale Faktoren lassen sich im Sinne eines möglichen Kontinuums zusammenfügen.

In den folgenden Ausführungen wird Schritt für Schritt auf die Ursachen eines Burnouts eingegangen.

3.1 Überblick: Die fehlende Passung Person – Organisation als Auslöser eines Burnouts

In der Praxis kann man immer wieder beobachten, dass Menschen sehr unterschiedlich mit Belastungen umgehen können; die einen stecken auch länger andauernde starke Beanspruchung weg, andere wiederum zeigen schon bald starke Stresssymptome, die sich mitunter bis zu einem Burnout entwickeln können.

Daher kann die einfache Formel (die immer wieder in der Öffentlichkeit zu hören ist), dass entweder der Mensch oder die Organisation/das Unternehmen für Stress und Burnout verantwortlich ist, nicht stimmen. Die einseitige Betonung

© Springer Fachmedien Wiesbaden 2017
U. Scherrmann, *Erste Hilfe bei Burnout in Organisationen*, essentials,
DOI 10.1007/978-3-658-14511-8_3

der personalen oder organisationalen Faktoren als Auslöser für Burnout greift zu kurz.

Deshalb habe ich ein Modell („Burnout-Syndrom als Schaukel") entwickelt, das einen ersten Schritt hin zu einer adäquaten Ursachenanalyse ist (vgl. Abb. 3.1). Es gründet auf den Erkenntnissen des amerikanischen Sozialpsychologen Cary Cherniss und ist eine vereinfachte Darstellung seines Modells.

Zur Erläuterung
Person A kann die Belastungen in der Organisation und die hier fehlenden Ressourcen durch eine gute innere Haltung oder durch personale Ressourcen gut bewältigen.

Person B kann den gleichen Belastungen und fehlenden organisationalen Ressourcen ausgesetzt sein, bewältigt die Situation aber aufgrund ihrer personalen Ressourcen besser, so dass es nicht zu einem Burnout kommt.

Person C wiederum kann erhöhte Anforderungen, die andere Mitarbeiter leicht „wegstecken" durch seine übersteigerten Erwartungen/Antreiber und seine nicht gepflegten personalen Ressourcen nicht verkraften und steuert auf ein Burnout

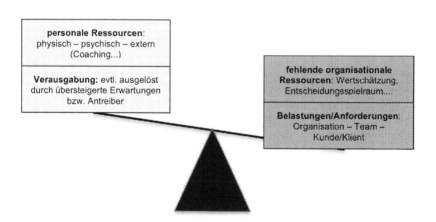

Fehlende Passung: Person – Organisation

Abb. 3.1 Modell Burnout-Syndrom von Ulrich Scherrmann

zu. Dies kann geschehen, obwohl er von der Organisation her viele organisationale Ressourcen (Wertschätzung seiner Arbeit, Entscheidungsspielraum…) zur Verfügung hätte.

3.2 Eine differenzierte Ursachenforschung – dargestellt am mehrdimensionalen Burnout-Modell

Die o. a. „Burnout-Schaukel" verdeutlicht, dass es zwei Hauptgründe für ein Burnout gibt, einerseits personale und/oder organisationale Belastungen und fehlende personale und/oder organisationale Ressourcen.

Die beiden Faktoren müssen allerdings auf der organisationalen Seite noch um den interpersonalen Faktor, der in der Organisation wirkt und die noch außen auf die Organisation einwirkenden Faktoren erweitert werden.

In den nachfolgenden Ausführungen werden „nur" die Belastungen erwähnt; die entsprechenden Ressourcen werden in den Kapiteln zur Prophylaxe bzw. Prävention thematisiert.

Unter **organisationalen Faktoren** verstehe ich Belastungen, die sich aus dem „Innenleben" der Organisation ergeben: Es gibt z. B. eine schlechte Unternehmenskultur, unklare Funktionen, die Arbeitsbelastung ist zu hoch, eine Dauerbelastung durch immer neue Projekte führt an Grenzen oder der „Spardruck" liegt wie ein Damoklesschwert über der Organisation und bestimmt alles.

Interpersonale Faktoren sind Belastungen, die in Teams oder Gruppen auf einen Menschen einwirken können. Dies können Konflikte, unklare Rollenverteilungen oder auch mangelnde Ziele für die Arbeit sein. Zu den interpersonalen Faktoren zählen auch die Belastungen, die in pädagogischen oder psychosozialen Berufen auftreten: Undisziplinierte Schüler oder unzufriedene und nörgelnde Patienten bringen Mitarbeiter an die Grenzen ihrer Belastbarkeit.

Gewiss sind familiäre Belastungen auch ein interpersonaler Faktor. Im Sinne einer Ursachenforschung ist es aber hilfreich, diese Faktoren separat aufzuführen, damit keine Vermischung von beruflichen und privaten Faktoren geschieht.

Die **personalen Faktoren** sind Belastungen, die in einem Menschen selbst grundgelegt sind. Sie können in vielfältiger Art und Weise auftauchen, z. B. in Gestalt von starken Antreibern („Sei perfekt", „Leiste immer 120 %") oder nicht verarbeiteten frühkindlichen bzw. familiären Erfahrungen, die eine tiefe Spur im Seelenleben eines Menschen hinterlassen haben und im Erwachsenenleben weiterhin wirksam sind.

In der Praxis zeigen sich immer wieder Überschneidungen oder Überlagerungen der Faktoren, so dass man davon ausgehen kann, dass Burnout meistens durch multi-faktorielle Phänomene ausgelöst wird, die sich gegenseitig auch verstärken können. Diese drei Faktoren müssen um Faktoren erweitert werden, die aus dem Umfeld auf Unternehmen und Organisationen einströmen. Besonders in den letzten Jahren sind Unternehmen mit zusätzlichen Herausforderungen konfrontiert. Ein paar Beispiele mögen hier genügen:

- Nicht nur ältere Mitarbeiter erleben die schnellen technologischen Innovationen, z. B. im IT-Bereich mit ihren immer neuen Anpassungen seitens des Users, als große Belastung.
- Unternehmen, die in spezialisierten Bereichen arbeiten, haben Mühe, Arbeitskräfte zu rekrutieren. So „muss" teilweise die vorhandene Arbeit unter immer weniger Mitarbeitende aufgeteilt werden.
- Die Zunahme der internationalen Konkurrenz ist auch für Klein- und Mittelbetriebe spürbar.
- Finanzpolitische Entscheide von Regierungen oder Notenbanken (z. B. Entscheide der EZB oder in der Schweiz die Aufgabe des Euro-Mindestkurses im Januar 2015) haben auch für Unternehmen eine große Bedeutung.

Deshalb habe ich ein Burnout-Modell entwickelt (vgl. Abb. 3.2), das die Komplexität der auf ein Unternehmen (und die darin arbeitenden Menschen) einwirkenden Faktoren abbildet. Es wird deutlich, dass nicht nur organisationsintern bedeutende Faktoren zur Belastung von Mitarbeitern werden können, sondern dass auch äußere Faktoren einen gewichtigen Einfluss auf Unternehmen haben können. Dabei ist es wichtig zu beachten, dass sich die verschiedenen Faktoren auch gegenseitig beeinflussen, d. h. es gibt z. B. Wechselwirkungen zwischen Organisation und Team oder Organisation und Kunde oder zwischen gesellschaftlichen Faktoren und dem Individuum.

Erläuterung zum Burnout-Modell
Die Darstellung der beiden äußeren Dimensionen soll den oftmals indirekten Einfluss dieser Ebenen unterstreichen. Politische und rechtliche Veränderungen, z. B. in der Sozial- oder Steuerpolitik, neue gesellschaftliche Entwicklungen, z. B. ein Bedürfnis nach besser qualifizierten ausländischen Arbeitnehmern oder globale Veränderungen, z. B. Schulden- und Finanzkrise, zunehmende Gefahr bewaffneter internationaler Konflikte, tangieren auch Unternehmen und Organisationen:

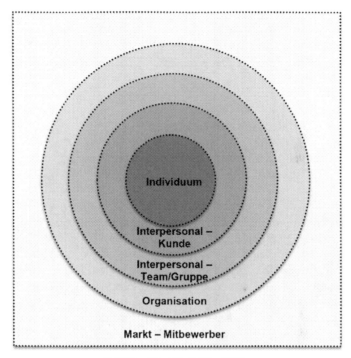

Abb. 3.2   Das mehrdimensionale Burnout-Modell

Zusätzliche Kosten müssen an anderen Orten eingespart werden – neue Absatzkanäle für wegbrechende Märkte müssen erschlossen werden. Auch die Marktsituation (z. B. Anfragen, Aufträge) muss als Einflussfaktor berücksichtigt werden. Verändert sich der Markt, müssen Unternehmen rasch reagieren. Dies erfordert meist zusätzliche Anstrengungen und führt zu zusätzlichen Belastungen. In gleicher Weise setzt ein Mitbewerber mit besserer Produktqualität oder besserem Kundendienst das eigene Unternehmen unter Druck und „zwingt" zum Handeln.

Zusätzlich zu den interpersonalen Faktoren auf der Ebene Team bzw. Gruppe gilt es, auch die Belastungen durch Kunden im weitesten Sinne in den Blick zu nehmen. Pflegekräfte in Krankenhäusern oder Seniorenheimen erzählen, wie stark – neben dem oftmals vorhandenen Personalmangel – auch die zu Pflegenden selbst zu einer Belastung werden: Demente Patienten, Konfrontation mit dem Tod oder mit unheilbaren Krankheiten stellen psychisch und physisch hohe Anforderungen, denen die eine oder andere Person nicht (mehr) gewachsen ist und zu einem Burnout-Fall wird.

Im Folgenden werden v. a. die personalen, interpersonalen und organisationalen Faktoren näher erläutert.

3.3   Personale Burnout-Faktoren

3.3.1   Die Bedeutung von Glaubenssätzen bzw. „Antreibern"

Wir werden als Menschen hauptsächlich durch unsere Erfahrungen in unserer Ursprungsfamilie (oder „Ersatzfamilien") geprägt. Dabei übernehmen wir die vielfältigen Muster im Denken, im Ausdruck von Gefühlen oder von Empfindungen, die wir dort erleben. Dies geschieht deshalb, weil wir uns zugehörig oder verbunden fühlen wollen. Daneben existiert als wichtige zweite Komponente unser Bedürfnis nach Autonomie. So geschieht durch den eigenen Lebenswillen eine Einordnung der (frühkindlichen) Erlebnisse in ein persönliches Koordinatensystem, durch das die Erlebnisse als positiv oder negativ bewertet werden.

Diese Grundprägungen oder Glaubenssätze bestimmen unseren Alltag und werden normalerweise nur dann überprüft, wenn sie mit schwerwiegenden Erlebnissen kollidieren: Eine offene, inspirierende, dynamische Persönlichkeit kann in einer starren und rigiden Organisation sich nicht entfalten. Seine Glaubenssätze passen nicht nur dieser Organisation.

Blockierende oder antreibende Glaubenssätze können z. B. sein (Kypta 2006, S. 89 f):

- Sei perfekt!
- Beeile dich – „Müßiggang ist aller Laster Anfang!"
- Sei stark!
- Mach es immer allen Recht!
- Streng dich an!
- Du darfst nicht NEIN sagen.
- Ich will keinem zur Last fallen usw.

3.3.2 Personale Kompetenzen und Anforderungsdruck der Umwelt

Die personalen Faktoren allein müssen noch nicht zu einem Burnout-Syndrom führen. Dies geschieht erst dann, wenn ein Mensch an einem Arbeitsplatz ist, an dem er mit seiner Grundprägung in Konflikt mit den dort gestellten Anforderungen gerät (vgl. Abb. 3.3). Es gelingt ihm nicht, sich darauf einzustellen. Ein allen einleuchtendes Beispiel ist der „typische Buchhalter": Eine Person, die sehr pflichtbewusst und exakt im Umgang mit Zahlen ist, kommt in einer chaotischen Umgebung in Bedrängnis. Versucht er trotzdem, diese Pflichtbewusstheit am Arbeitsplatz umzusetzen, führt dies zu einer erhöhten Belastung, die über längere Zeit zu Überbelastung und zum Burnout führt.

Um als Führungskraft mit einem Mitarbeiter diese Abklärungen anzugehen oder als Beschäftigter diese Problematik zu bewältigen, helfen vier Leitfragen (Nelting 2010, S. 120 ff.):

1. Welche **Anforderungen** stellt die jetzige **Situation?** Kann ich mich z. B. auf ein Familienunternehmen einstellen, das weniger stark strukturierte Abläufe hat und viel Flexibilität verlangt oder passt eher ein Großunternehmen zu mir?
2. Kann ich die **Anforderungen bewältigen?** Passen meine Persönlichkeit und die erworbenen Fähigkeiten zu den Anforderungen? Über- oder unterfordere ich mich ggfs.?
3. Passt meine **Persönlichkeit** in die jetzige Situation? Am Arbeitsplatz ist intensive Teamarbeit gefragt. Als „Einzelkämpfer" oder „Alphatier" komme ich vermutlich schon bald unter Druck.
4. Habe ich die **Situation gewählt?** Es ist vorteilhaft, wenn ich eine Situation selbst wählen kann, anstatt dass ich durch äußere Umstände dazu gezwungen

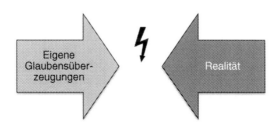

Abb. 3.3 Glaubensüberzeugungen treffen auf die Realität und erzeugen Spannungen

werde. Dennoch kann auch eine gewählte Situation plötzlich oder vielleicht schon in der Probezeit in eine Überforderung münden.

3.4 Organisationale Faktoren

3.4.1 Burnout als Zeichen einer Störung in der Organisation

Die amerikanische Sozialpsychologie sah und sieht hauptsächlich organisationale Gründe aus Auslöser für ein Burnout. Beispielhaft sei hier Christina Maslach, eine prominente Vertreterin und Pionierin der Burnout-Forschung, erwähnt. Sie, die v. a. auch durch das Maslach Burnout Inventory (MBI) in aller Munde ist, zeichnet zusammen mit ihrem Kollegen Michael P. Leiter ein eindeutiges Bild (Maslach et al. 1996): Burnout ist ein klares Anzeichen einer Störung innerhalb der Organisation und nicht des Individuums und macht sechs Faktoren der Organisation für ein Burnout verantwortlich (a. a. O., S. 41–64):

1. **Arbeitsüberlastung**: Menschen können durch zu viel Arbeit „in die Knie gehen".
2. **Zu viel Kontrolle**: Das individuelle Handeln motivierter Menschen wird durch ein Zuviel an Kontrolle eingeengt.
3. **Unzureichende Belohnung**: Anerkennung und Wertschätzung für die geleistete Arbeit in Form von Geld, besseren Aufstiegschancen o. Ä..
4. **Zusammenbruch der Gemeinschaft**: Durch Umstrukturierungen infolge von Kostenoptimierung entstehen immer wieder wechselnde Teams, so dass der Zusammenhalt verloren geht und damit auch Raum und Zeit, in der Menschen Gemeinschaft im Gespräch oder in einer erfüllenden Teamaufgabe erfahren können.
5. **Fehlen von Fairness**: Menschen brauchen Vertrauen, Offenheit und Respekt im Umgang miteinander. Fehlen diese Grundhaltungen, kommt es zu Enttäuschungen und Frustrationen bis hin zu Zynismus.
6. **Widersprüchliche Werte**: Unterschiedliche Interessen und dahinter stehende Werte sind in Organisationen mitunter nicht zu leugnen: Das Unternehmen will z. B. möglichst viel Gewinn machen, der Arbeitnehmer will einen ihn erfüllenden Job. Ohne gemeinsame Werte entsteht aber keine Organisationsidentität.

Die von Maslach und Leiter genannten Faktoren sind allerdings zu eindimensional. Sie erklären beispielsweise die Tatsche nicht, warum von zwei Menschen, die unter den gleichen Bedingungen in der gleichen Organisation arbeiten, eine in ein Burnout fällt, die andere dagegen nicht.

3.4.2 Organisationale Burnout-Faktoren in einem Organisationsmodell der systemischen Organisationsentwicklung

Will man die bisher dargelegten Erkenntnisse über organisationale Faktoren für eine fruchtbare Weiterarbeit nutzen, braucht es eine Zusammenschau der Ergebnisse, die in einer gewissen Systematik verfügbar sein sollten (Häfele 2009, S. 48–61).

In meiner Praxis ist das u. a. Organisationsmodell hierzu eine gute Hilfe. Es thematisiert sowohl die Faktoren, die von außen auf eine Organisation einwirken, als auch die Faktoren, die im Innern einer Organisation wirken. Zudem können nicht nur die Belastungen erfasst werden, sondern auch die Ressourcen. Damit ist dieses Modell eine Art Landkarte, mit der sich Führungskräfte und Berater in einer Organisation orientieren können (vgl. Abb. 3.4).

In diesem Modell werden vier Kreise oder Teilsysteme unterschieden, wovon die beiden äußeren die Oberflächenstruktur der Organisation bilden, die unter den Gesichtspunkten von Funktionalität und Effizienz zu gestalten bzw. zu verändern sind. Die beiden inneren Kreise bilden die sog. Tiefenstruktur der Organisation, d. h. es geht um den „Wesenskern der Organisation" (Häfele 2009, S. 50), den es immer wieder neu zu entwickeln gilt.

Es versteht sich von selbst, dass es sich nicht um ein geschlossenes System handelt, sondern die Organisation als Ganzes und ihre Teilsysteme in Austausch mit der Umwelt (z. B. mit dem Markt, mit gesellschaftlichen Gruppen) stehen. Sie wirken auf die relevanten Umwelten ein und werden auch von diesen beeinflusst.

Die Fragen in der Tabelle können eine Hilfe sein, um organisationsintern die einzelnen Teilsysteme mit ihren Komponenten näher zu untersuchen.

Existenzgrund
Kerngeschäft – Kernkompetenzen („Was können wir?")

1. Was ist das Kerngeschäft bzw. was sind die Kernkompetenzen der Organisation?

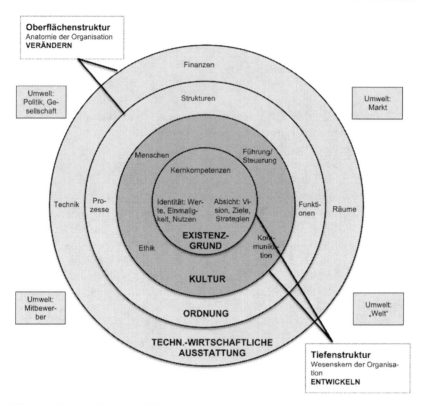

Abb. 3.4 Organisationsmodell der systemischen Organisationsentwicklung nach Häfele. (Häfele 2009, S. 50)

2. Welcher Nutzen entsteht beim Empfänger des Produkts bzw. der Dienstleistung?

Identität („Wer sind wir?")

3. Wie versteht sich die Organisation selbst?
4. Welche Werte sind der Organisation wichtig?

Absicht („Was wollen wir")

5. Wie will die Organisation zukünftig ihr Wirken gestalten?

6. Welche Visionen gibt es?
7. Wie (bzgl. Beteiligung und Information) werden Visionen und daraus abgeleitete Strategien bzw. Ziele gewonnen?

Kultur der Organisation
Menschen

8. Wie ist die Mitarbeiterstruktur aufgebaut (Anzahl, Qualifikation, Alter, Geschlecht, Nationalität etc.)?
9. Wie sind die Mitarbeiter für ihre Arbeit engagiert?
10. Wie ist das Betriebsklima?
11. Wie wird mit Anerkennung bzw. Disziplinarmaßnahmen umgegangen?
12. Wie ist die Personalentwicklung organisiert und welchen Stellenwert hat sie?
13. Was zeichnet die Führungs- bzw. Steuerungsarbeit aus?
14. Was sind Kennzeichen der Führungskräfte?

Kommunikation

15. Wie wird kommuniziert: wertschätzend, abwertend, bewertend?
16. Wie wird über Erfolge bzw. Probleme kommuniziert?
17. Wie wird mit Konflikten umgegangen?

Ethik

18. Welches Menschenbild wird gelebt: Wird der Mensch in seiner Würde, seinem Entwicklungspotenzial, seiner Eigenverantwortung wahrgenommen?
19. Welche Werte sind der Organisation wichtig und werden auch so gelebt?

Ordnung der Organisation
Strukturen

20. Ist die Struktur für die Funktion der Organisation dienlich?
21. Wie ist die Funktionsweise der Steuerungsstrukturen?
22. Wie funktionieren folgende Strukturen: Information, Kommunikation, Besprechungen etc.)?
23. Welche informellen Strukturen gibt es?
24. Gibt es Projektstrukturen für Veränderungen bzw. Erneuerungen in der Organisation?

Funktionen

25. Sind die Funktionen mit ihren vier Aspekten „Verantwortung", „Rolle", „Aufgaben" und „Kompetenzen" klar beschrieben?
26. Wie wird das Wahrnehmen der Funktionen kontrolliert bzw. evaluiert?
27. Werden Funktionen personenunabhängig verstanden oder sind sie (zu) eng mit dem Inhaber der Funktion verknüpft?

Prozesse

28. Sind die einzelnen Prozesse (Management-, Dienstleistungs-/bzw. Geschäfts-, und Unterstützungsprozesse) in der Organisation definiert und geregelt?
29. Werden die Prozesse in der Organisation und in der Beziehung mit ihren Umwelten immer wieder reflektiert und ggfs. weiterentwickelt?

Technische und wirtschaftliche Ausstattung
Finanzen

30. Wie sieht die finanzielle Situation der Organisation aus und werden Zukunftsszenarien dazu reflektiert?
31. Werden die Prozesse unter dem Aspekt der ökonomischen Steuerung untersucht?

Technik

32. Wie ist der Zustand von Anlagen und technischen Einrichtungen (IT-Bereich, Kommunikationstechnologien etc.)?

Räume
33. Wie ist der Zustand der Räume?

3.4.3 Belastungsmomente in einer Organisation

Die folgenden Beispiele können Hinweise auf starke Belastungsmomente liefern, die die Organisation als Ganzes betreffen:

I. **Politik – Gesellschaft – Welt**
1. Veränderte politische und rechtliche Verhältnisse: Steuer- oder Energiepolitik, schwieriger Arbeitsmarkt
2. Gesellschaftliche Rahmenbedingungen: soziale Probleme, kritische Sicherheitslage…
3. Globale Veränderungen, z. B. Finanzkrise, Konflikte

II. **Markt – Mitbewerber**
4. Schwierige Marktsituation
5. Konkurrenz durch innovative Mitbewerber (mit besseren Produkten)

III. **Organisation**
III.1 **Existenzgrund**
6. Instabiles Kerngeschäft, evtl. mit ungewisser Entwicklung
7. Unklare Identität: Selbstverständnis, Image, Nutzen
8. Absichten nicht eindeutig: Visionen, Ziele/Strategien, Reaktion auf Markt oder Mitbewerber

III.2 **Kultur der Organisation**
9. Menschen: schlechtes Betriebsklima; fehlende Anerkennung, Wertschätzung, Unterstützung, Raum für Initiative
10. Führung/Steuerung: unzureichende Führungskompetenz, Interesse für Belange Belegschaft; Kontrolle statt Controlling
11. Kommunikation: befehlend, über Probleme statt über Erfolge
12. Ethik: fehlende Fairness, Vertrauen, Wahrnehmung Interessen Stakeholder

III.3 **Ordnung der Organisation**
13. Strukturen: unzureichende Gesamtstruktur; keine Autonomie und Entscheidungsfreiheit; schlechte Steuerungs- und Kommunikationsstrukturen
14. Funktionen: nicht definiert; zweideutige Arbeitsziele und -aufgaben
15. Arbeitsbedingungen: körperlich und psychisch überfordernd; ohne Sinnerfüllung; zu große Arbeitsmenge und/oder Zeit und Komplexität; keine Selbstständigkeit; fehlende Weiterbildung; kein Handlungs-Entscheidungs- und Kontrollspielraum
16. Prozesse: mangelhafte Kern- und Supportprozesse; unklare Abläufe; hoher Leistungsdruck

III.4 **Technische und wirtschaftliche Ausstattung**

17. Finanzen: schwierige finanzielle Situation; Personal- und Budgetkürzungen

18. Technik: unzureichende Arbeitsmittel und schlechter Zustand der Anlagen (z. B. EDV…)

19. Räume: Zustand und Standard veraltet

III.5 **Interpersonal: Team – Gruppe**

20. Verhältnis zu Kollegen schlecht; unmotiviertes Team; fehlende Unterstützung, Anerkennung; unzureichende Kommunikation

3.4.4 Fokussierende Betrachtung: Risikofaktoren an einem Arbeitsplatz

Neben der Einordnung in ein Organisationsmodell kann es hilfreich sein, den Fokus auf die Arbeitsbedingungen eines konkreten Mitarbeiters zu legen, um dort – sozusagen noch eine Stufe näher an der betroffenen Person – Maßnahmen zu reflektieren (vgl. Abb. 3.5).

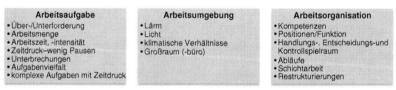
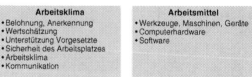

Abb. 3.5 Risikofaktoren an einem Arbeitsplatz

Prophylaxe – zur Gesundheit Sorge tragen

Aus dem bisher Gesagten dürfte ersichtlich sein, dass der Ausbruch eines Burnout-Syndroms nicht von einem auf den anderen Tag passiert, sondern dass es ein kontinuierlicher Prozess ist, der sich über Wochen und Monate, vielleicht sogar auch Jahre hinziehen kann.

Deshalb ist es in der „Ersten Hilfe" auch hier sinnvoll, ähnliche begleitende Maßnahmen vorzusehen, die bei anderen medizinischen Phänomenen getroffen werden, d. h. man schaut auf die Prophylaxe, Prävention und Intervention.

Da die Begriffe z. T. undeutlich verwendet werden, werde ich die von mir verwendeten Begriffe und die damit verbundenen Inhalte, erläutern.

- Unter **Prophylaxe** sind alle Maßnahmen zu verstehen, die zur **Verhütung** eines Burnouts getroffen werden.
- Die **Prävention** dient in erster Linie dazu, beim **frühen Erkennen einer Krankheit** einschreiten zu können bzw. den weiteren Verlauf einer Krankheit einzuschränken.
- Die **Intervention** umfasst alle Maßnahmen, die bei einer ausgebrochenen Krankheit erfolgen bzw. zur Rehabilitation des Mitarbeiters getroffen werden.

Sowohl Prophylaxe als auch Prävention und Intervention können Maßnahmen für ein Individuum, ein Team oder die ganze Organisation umfassen. Ansatzpunkte sind die **„Verhaltensprävention"**, d. h. die Veränderung von Verhalten einer Person oder eines Teams und die **„Verhältnisprävention"**, in der v. a. die Arbeitssituation verändert wird.

In meinem Verständnis gehört es zur „Ersten Hilfe", auch schon bei vermeintlich kleineren Situationen von Disstress die volle Aufmerksamkeit darauf zu legen, wie einer weiteren Verschlimmerung der Situation begegnet werden kann.

© Springer Fachmedien Wiesbaden 2017   23
U. Scherrmann, *Erste Hilfe bei Burnout in Organisationen*, essentials,
DOI 10.1007/978-3-658-14511-8_4

Deshalb ist es auch der kostengünstigste Umgang, in der betrieblichen **Stress- und Burnout-Prophylaxe**

- den **individuellen Umgang der Mitarbeiter** mit Stress bzw. mit ihrer Gesundheit thematisieren.
- **Führungskräfte** als Vorbilder und Verantwortungsträger in ihrer Tätigkeit unterstützen.
- zu thematisieren, was die **Organisation** selbst zur **Prophylaxe** beitragen kann. Ohne die entsprechende Unterstützung der Organisation bleibt vieles nur „Stückwerk".

4.1 Prophylaxe: Individueller Umgang mit Belastungen

Eine der zentralen Fragen in der heutigen Arbeitswelt lautet: Was hilft Menschen, in der beruflichen Anspannung gesund zu bleiben? Damit wird eine Sichtweise aufgegriffen, die v. a. die gesundheitsfördernden Aspekte der Lebens- und Arbeitsgestaltung betont. Diese Sichtweise scheint mir gerade heute im individuellen Umgang mit Belastungen zentral zu sein.

Exemplarisch werden dazu für die individuelle Prophylaxe drei Aspekte (auch kritisch) fokussiert:

- Der inflationäre Gebrauch des Wortes Stress
- Der salutogenetische Ansatz der Gesunderhaltung
- Die Work-Life-Balance

Die drei Aspekte können auch in ein Mitarbeitergespräch einfließen, in dem die Führungskraft nicht nur die Arbeitsleistung thematisiert, sondern auch die gesundheitsfördernden bzw. -beeinträchtigenden Aspekte in den Blick nimmt. Zudem können die nachfolgenden Anregungen auch in einer internen Handreichung zum Umgang mit Stress aufgeführt werden.

4.1.1 Stress ist nicht gleich Stress!

Nur allzu gerne verwenden Menschen bei einer großen Arbeitsfülle das Wort Stress. Sie differenzieren dabei aber nicht, ob diese Arbeit sie überfordert (Disstress) oder ob sie trotz Anstrengung eine innere Erfüllung bringt.

Es ist deshalb sehr wichtig, genau hinzuschauen und sich immer wieder zu fragen, ob die Belastungsfaktoren, denen ich ausgesetzt bin, die eigenen Ressourcen übersteigen. Erst wenn dies über einen längeren Zeitraum der Fall ist, kann ich von schädlichem Stress (Disstress) reden.

Zur Unterscheidung, ob Tätigkeiten während eines Tages mehr Eustress oder Disstress waren, hilft ein „Tagesrückblick" mit folgenden Fragen:

- Welche Belastungen habe ich heute erlebt?
- Haben diese meine persönlichen Ressourcen bzw. die mir vom Betrieb zur Verfügung gestellten Ressourcen überschritten (Disstress)?
- Was hat mich heute – trotz Anspannung und Belastung – erfüllt (Eustress)?
- Wo bin ich an meine physischen Grenzen gestoßen – und habe trotzdem positive Gefühle erlebt, weil ich etwas geschafft habe (Eustress)?
- Fällt die Bilanz am Ende des Tages eher zugunsten von Disstress oder Eustress aus?

Überwiegt während Tagen und Wochen der Disstress ist es wichtig, genauer hinzuschauen und Maßnahmen zu ergreifen.

4.1.2 Salutogenese: Gesunderhaltung durch Verstehbarkeit – Handhabbarkeit – Bedeutsamkeit

Der amerikanisch-israelische Medizinsoziologe Aaron Antonovsky stellte den Aspekt der Gesunderhaltung in seinen wissenschaftlichen Untersuchungen ins Zentrum (Antonovsky 1997, S. 34–36). Dabei betonte er, dass Menschen auch in herausfordernden Situationen gesund bleiben können, wenn sie ein „Kohärenzgefühl" erleben. Sein Modell mit den drei Komponenten „Verstehbarkeit", „Handhabbarkeit" und „Bedeutsamkeit" ist für Individuen, aber auch für Gespräche in einer Intervisionsgruppe mit den folgenden Leitfragen eine gute Hilfe.

1. **Verstehbarkeit:** Kann ich die Situationen und Informationen, die ich (innerlich und äußerlich) wahrnehme und erlebe, ordnen, erklären und strukturieren oder läuft alles chaotisch? Kann ich evtl. voraussehen, wie die weitere Entwicklung verläuft?
2. **Handhabbarkeit:** Habe ich genügend persönliche Ressourcen oder Unterstützung in meinem organisationalen, familiären oder sozialen Umfeld, um Anforderungen (oder belastende Ereignisse) bewältigen zu können?

3. **Bedeutsamkeit:** Erlebe ich in dem, was ich gerade tue, einen Sinn? Gestalte ich etwas, was einen Wert hat? Ist die Anforderung, der ich mich stelle oder mit der ich konfrontiert werde, eine positive Herausforderung, die mich motiviert und mir (auch zumindest zeitweise) Freude macht bzw. mich zufrieden macht?

Antonovsky betont, dass Menschen im Kontinuum von Krankheit zu Gesundheit sich in Richtung Gesundheit bewegen, je stärker sie diesen Kohärenzsinn erleben. In einem ausgeprägten Kohärenzsinn sind sie in der Lage, Herausforderungen anzunehmen und mit ihren Ressourcen darauf zu reagieren.

4.1.3 Leben (auch) in der Arbeit

In eine ähnliche Richtung geht die Kritik an der heute oft propagierten „Work-Life-Balance". Damit wird suggeriert, dass „das eigentliche Leben jenseits der Arbeit stattfindet." Die Arbeit wird zu einer Tätigkeit ohne Glücks- oder Sinnelemente degradiert bzw. es werden nur die belastenden Tätigkeiten, die es zu vermeiden gilt, in den Vordergrund geschoben. In der Konsequenz dieser Haltung werden daher auch kaum Versuche unternommen, Sinn(elemente) zu entdecken oder beim Vorgesetzten dafür einzustehen, eine sinnvolle(re) Arbeit zu erhalten.

Neben der Betonung des Kohärenzgefühls von Antonovsky können auch Ausführungen von Forschern der Technischen Universität Dresden weitere Impulse für Maßnahmen zur Gesunderhaltung geben. Sie haben einen drei-dimensionalen Life-Balance-Ansatz entwickelt, in dem sie betonen, wie wichtig es ist, neben der „Zeit für Soziales" und „Zeit für Arbeit" auch „Zeit für Persönliches" zu haben (Grisslich et al. 2012). Sie betonen v. a. auch den gesundheitserhaltenden Charakter der „Zeit für Persönliches".

Sowohl für Mitarbeiter als auch für Führungskräfte ergeben sich damit neue Impulse, mit denen ich mich z. B. in einer „stillen Stunde" beschäftigen kann:

- Nehme ich mir Zeit für Persönliches?
- Pflege ich Entspannungsmomente im Alltag, z. B. Yoga, Handy abschalten usw.?
- Denke ich zwischenzeitlich über das nach, was mir im Leben wirklich wichtig ist, z. B. Familie, Freunde, Spiritualität?
- Betreibe ich ein Hobby, das mich erfüllt?
- Was sind meine Kraftquellen (Orte, Personen, Tätigkeiten)?

Eine wertvolle Hilfe in der individuellen Prophylaxe ist das Buch von Thomas Bergner (Burnout-Prävention. Sich selbst helfen – das 12-Stufen-Programm). Es eignet sich sowohl für die Beratung (auch die eines Arbeitskollegen) als auch für die individuelle Reflexion (Bergner 2010).

4.1.4 Weitere individuelle Prophylaxe

Neben den drei genannten Aspekten gibt es eine große Fülle von Möglichkeiten zur individuellen Prophylaxe. Abschließend seien ein paar Aspekte genannt:

- Was brauche ich an neuen Fach-, Sozial- und Selbstkompetenzen? Welche Weiterbildung könnte dafür hilfreich sein?
- Was sind meine Stressoren und typischen Stresssignale?
- Was kann ich an meinen Arbeitsplatz z. B. hinsichtlich Ausstattung oder Lärmbelastung verändern?
- Wie und wann will ich Probleme (im Team, Gruppe bzw. Organisation) ansprechen?
- Kann mir ein Mitarbeitergespräch helfen, belastende Faktoren zu reduzieren?
- Ist „home-office" eine mögliche Lösung?
- Wie kann ich mich für „Erfolge" belohnen?
- Ist die Zeit für eine berufliche Standortbestimmung gekommen? Steht eine Veränderung an, weil die jetzige Arbeit schon länger nicht mehr zu mir passt?

4.2 Prophylaxe: Führungskräfte in der Verantwortung

Führungskräfte sind in ihrem Verhalten, ihrem Tun und (Unter-)Lassen Vorbilder und werden als solche von Mitarbeitern und Kunden wahrgenommen. Deshalb ist es wichtig, sich als Führungskraft immer wieder Zeit zu nehmen, um die eigene Selbst-, Sozial- und Fachkompetenz zu thematisieren und in Verbindung zu bringen mit der eigenen Person, dem Umgang mit den Mitarbeitern und dem Führungsverhalten in der Organisation.

Dies kann z. B. in Erfahrungsaustausch- (ERFA-Gruppen), Intervisionsgruppen, im Coaching oder einer Auszeit in einem Kloster geschehen. Auch Rituale am Ende eines Tages oder am Ende einer Woche, in denen man auf die an diesem Tag bzw. in dieser Woche geleistete Arbeit zurückblickt, sind hilfreich.

Exemplarisch gehe ich hier auf Themen ein, die im Coaching immer wieder als „Verbesserungspotenzial" bei Führungskräften auftauchen.

4.2.1 Sich selbst führen

Die Selbstreflexion mittels den u. a. Fragen hilft, die eigene Persönlichkeit immer wieder in den Blick zu nehmen – mit ihren Stärken und Schwächen, Wünschen und Enttäuschungen usw.

Die folgenden Fragen können auch hinsichtlich ihrer Relevanz für prioritäre Maßnahmen beantwortet werden. Dabei ist A dringend und wichtig, B ist wichtig aber nicht dringend und C bedeutet, dass man sich diesem Punkt widmen kann, aber nicht unbedingt muss, weil er im Moment weniger wichtig oder weniger dringend ist.

Fragen zur Selbstreflexion

- Kann ich mir die nötige Anerkennung für die vielfältigen Tätigkeiten in meiner Rolle als Führungskraft und bzw. in meinen privaten Rollen geben?
- Kenne ich meine Antreiber (z. B. „Sei perfekt!"...) und weiß ich Wege, wie ich mit ihnen gut umgehen kann?
- Bin ich eher Skeptiker oder Optimist – und was hat das für mein Privatleben oder für meinen Beruf für (negative) Konsequenzen?
- Habe ich Zugang zu meinen Lebens- und Kraftquellen?
- Mache ich mir von Zeit zu Zeit Gedanken, ob mein Geist, mein Körper oder meine Seele genügend Aufmerksamkeit von mir bekommen?
- Gönne ich mir gesunde Nahrung, Bewegung, Sport, Urlaub und Ruhezeiten?
- Richte ich Berufs- und Privatleben nach Werten aus, und verfolge ich „Sinnspuren" in meinem Leben?
- Kann ich mir Zeit gönnen, um innezuhalten und mir bewusst zu werden:
  - Wo stehe ich momentan: was freut mich, was bedrückt mich?
  - Wo will ich überhaupt hin, was ist mir wirklich wichtig im Leben?
  - Stehen meine Ziele im Einklang mit meiner Lebensvision (und meiner „Berufung")?
  - Wie abhängig oder unabhängig bin ich in meiner Lebensplanung? Will ich mehr oder weniger auf die Meinung anderer achten? Muss ich jemandem beweisen, was ich alles imstande bin zu leisten?

- Gibt es Zeiten, in denen ich in der Familie oder in der Organisation bzw. im Unternehmen „schweigend und hörend" da bin, um Stimmungen und Klima (besser) zu erfassen?

4.2.2 Rollenklarheit, -konflikte und -überlastung

Neben diesen grundsätzlich auf die Lebensführung bezogenen Fragen und Anregungen ist es wichtig, sich auch das Arbeitsumfeld als Führungskraft anzuschauen.

Als Quelle von ungutem Stress haben sich oftmals unklare Rollen, Rollenkonflikte oder Rollenüberlastung herausgestellt (Glatz und Graf-Götz 2007, S. 87–89). In der Selbstreflexion geht es hauptsächlich darum, die verschiedenen Selbstbilder und die Rollen im Privat- und Berufsleben kritisch zu überprüfen und ggfs. zu revidieren.

Eine Rolle wird dabei als Schnittstelle zwischen der Organisation und der Person bestimmt, d. h. ich habe als Führungskraft verschiedene organisatorische Rollen, die sich auf meine Funktion und meine Aufgaben beziehen, z. B. „Bereichsleiter Logistik". Dabei kann es vorkommen, dass sich zwischen meinen Erwartungen oder Fähigkeiten und denjenigen der Organisation Diskrepanzen ergeben, die geklärt werden müssen. Daneben gibt es auch noch soziale Rollen, die sich auf mein Sozialverhalten in der Organisation und im privaten oder öffentlichen Leben beziehen.

Die folgenden Fragen helfen bei einer persönlichen Rollenklärung:

- Ist meine Rolle bzw. sind meine Rollen mit den entsprechenden Erwartungen, Funktionen, Aufgaben, Kompetenzen, Ressourcen etc. in der Organisation bzw. im Unternehmen geklärt?
- Kann ich diese Rolle(n) in der mir zur Verfügung stehenden Zeit und mit der zur Verfügung stehenden Kraft erledigen?
- Gerate ich immer wieder in Konflikte um meine organisatorische oder organisationsinterne soziale Rolle(n)?
- Sehe ich Schwierigkeiten in meiner privaten Rolle als Vater/Mutter oder Ehemann/Ehefrau?
- Entstehen immer wieder Konflikte zwischen meinen privaten und meinen organisatorischen Rollen, z. B. dadurch, dass ich zu viel Zeit am Arbeitsplatz verbringe?

4.2.3 Selbstmanagement als Führungskraft

Im Selbstmanagement sorgen immer wieder Defizite im Zeitmanagement, der Arbeitsorganisation oder Sitzungsgestaltung für Verwirrung bei den Mitarbeitern. Die folgenden Gedanken verstehen sich als Anregung zur Reflexion des Selbstmanagements und als erste Impulsgeber für Veränderungen.

Arbeits- und Selbstorganisation

- Ich habe einen gut aufgeräumten Arbeitsplatz.
- Ich nutze technische Möglichkeiten, um mir die Arbeit zu erleichtern, z. B. die Notizfunktion im Smartphone zum Aufzeichnen guter Ideen.
- Ich habe ein gutes (elektronisches) Ablagesystem.
- Ich beherrsche die Kunst des Delegierens.
- Ich baue immer wieder kreative (Bewegungs-)Pausen in meinen Arbeitsalltag ein: Treppensteigen statt Liftbenützung, Streck- und Dehnübungen, Musik zur Entspannung, Yoga, etc.
- Ich nehme ausreichend Flüssigkeit zu mir (Wasser, Fruchtsäfte, Tee) und esse gesund und nicht zu viel.
- Ich plane genügend Zeit für meine persönliche Weiterbildung in meinem Terminkalender ein.

Zeitmanagement

- **Zeit nehmen:** Ich weiß, wofür ich mir in meinem Berufs- und Privatleben (Freizeit und lebensnotwendige Zeit) mehr Zeit nehmen will.
- **Verzicht:** Ich weiß, worauf ich evtl. zukünftig verzichten, bzw. weniger Zeit investieren will.
- **Zeitfresser:** Ich kenne meine Zeitfresser, z. B. Perfektionismus.
- **Zielplanung:** Ich versehe meine Ziele und die daraus abgeleiteten Maßnahmen (für die nächsten Monate, Wochen, Tage) mit Prioritäten.
- **Aktivitätenplanung:** Ich ordne meinen Aktivitäten eine Priorität und einen Fertigstellungstermin zu und beziehe sie in die Jahres-, Monats- und Tagesplanung ein. Ich überprüfe die Aktivitätenliste periodisch, z. B. alle 2 Tage oder am Ende einer Woche.
- Ich schaffe **Sprechzeiten**, um Gespräche so besser lenken zu können.
- Ich plane Zeit für kurze Besprechungen, Telefonate oder E-Mails ein.
- Ich bündele **Detailaufgaben** und führe diese im „Loch" meines Zeitplanes aus.

- Ich schaffe mir „**Stille Stunden**" (Sperrzeiten), z. B. am frühen Morgen, um wichtige Aufgaben erledigen zu können.
- Ich stelle das **Telefon** während der Zeit ab, in der ich nicht gestört werden will.
- Ich beginne den Tag positiv und schließe ihn positiv ab (**Ritual „Tagesbeginn" und „-rückblick"**).
- Ich nehme mir Zeit für meine **privaten und familiären Kontakte** und Verpflichtungen und plane dafür feste Termine ein.

4.2.4 Die Organisation/das Unternehmen führen

Die folgenden Ausführungen zum Thema „Organisationsführung" können nur rudimentär sein. Ich verweise auf die entsprechenden Kapitel in meinem Buch (Scherrmann 2015) und weiterführende Literatur.

Gleichwohl scheint es mir wichtig, auf einige grundlegende Themen in der Organisationsführung hinzuweisen. Dies geschieht hier im Sinne kurzer Anregungen:

1. **Führungszweck „verbinden und entscheiden":** Habe ich die Organisation mit ihren wichtigsten internen und externen Umwelten (z. B. Kunden, Lieferanten, Mitarbeiter) im Blick (= verbinden), d. h. sehe ich, was diese Umwelten bewegt und was das für die Organisation bedeutet? Treffe ich im Innern und Äußern jeweils auch in schwierigen Situationen Entscheidungen?
2. **Normative, strategisches und operatives Management:** Wende ich die zentralen Aufgaben von verbinden und entscheiden auf diese drei Ebenen an?
3. **Sinn:** Habe ich im Blick, was der Auftrag der Organisation ist, welche Werte wichtig sind?
4. **Entwicklung:** Sehe ich, welche äußeren und inneren Einflüsse neue Entwicklungen nötig machen, z. B. Lancierung neuer Produkte oder Weiterbildungsoffensive für Mitarbeiter im Bereich X.
5. **Kernfunktionen und -aufgaben:** Werden die Funktionen Planung, Organisation, Personaleinsatz, Steuerung und Führung (im engeren Sinn) mit den jeweiligen Aufgaben adäquat erfüllt?

4.2.5 Mitarbeiter führen

Entscheidende Kompetenzen einer guten Mitarbeiterführung sind, dafür zu sorgen, dass Mitarbeiter produktiv sein können, zufrieden und motiviert sind und in einer guten Unternehmenskultur arbeiten können.

Eine hohe **Arbeitsproduktivität** setzt sich aus einer Vielzahl von Ursachen zusammen: Dazu gehören z. B. ein gutes Leistungsvermögen des Mitarbeiters, eine gute Bezahlung, gute organisatorische Rahmenbedingungen, ein gutes Betriebsklima oder auch die „Erfahrung von Sinn" im ganz konkreten Tun.

Eine hohe **Arbeitszufriedenheit** ergibt sich u. a. durch einen interessanten Arbeitsinhalt, Wertschätzung für die Arbeit, gute Beziehungen zu den Kollegen, Möglichkeiten zur eigenständigen Gestaltung oder Spielräume bei Entscheidungen.

Eine hohe **Mitarbeitermotivation** wird durch eine innere (intrinsische) Motivation ebenso gefördert wie durch eine äußere (extrinsische) Motivation. Ideal ist es, wenn Führungskräfte es erreichen, dass Arbeitnehmer bei ihrer intrinsischen Motivation „gepackt" werden und zugleich eine entsprechende Belohnung (Geld, Aufstiegschancen) von außen erhalten.

Um diese Ziele zu erreichen, braucht es eine zielgerichtete Führung. Die sorgfältige Ausführung dieses Prozesses wirkt in vielen Fällen Stress mindernd, weil schon früh Fehlentwicklungen erkannt werden können, die sich in Frust oder Konflikten niederschlagen könnten. Einige Stichworte zu diesem Prozess sind (vgl. Abb. 4.1):

1. Ziele setzen
   Ziele können Menschen motivieren oder geben eine Orientierung. Sie sollten immer mit möglichst genau definierten Kriterien versehen werden, woran die Zielerreichung „gemessen" werden kann.
2. Informationen zur Umsetzung sammeln
   Es ist bekanntlich nicht damit getan, dass Ziele gesetzt werden; es muss auch geprüft werden, ob Ziele tatsächlich in Maßnahmen umgesetzt und erreicht werden.
3. Verdichtung von Informationen in ressourcenorientierten Hypothesen
   Die mitunter große Fülle an gewonnenen Informationen muss auf wesentliche Kernaussagen „verdichtet" werden.

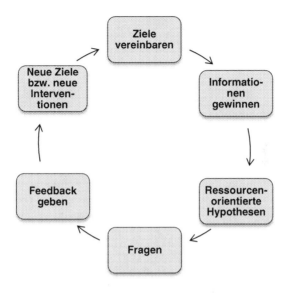

Abb. 4.1 Führungskreislauf

4. Fragen
   Im Prozess der Informationsgewinnung kann ich sowohl etwas passiv beobachten als auch gezielt Fragen an einen Mitarbeiter stellen.
5. Feedback geben
   Durch Feedback wird für den Mitarbeiter klar, ob seine erbrachte Leistung gut
   oder nur knapp ausreichend war. Ohne Feedback „hängt er in der Luft" und
   weiss nicht, woran er ist.
6. Neue Ziele vereinbaren oder Interventionen durchführen
   Sind die gesetzten Ziele erreicht worden, können evtl. neue vereinbart werden.

4.2.6 Teamführung als Herausforderung

In der Praxis kann man oft erleben, dass sich Teams in Profit-Unternehmen auf
die Aufgabenebene konzentrieren, während Teams in Not-for-Profit-Organisatio-
nen mehr die Beziehungsdimensionen pflegen.

Demgegenüber muss betont werden, dass für das Funktionieren eines Teams alle vier Momente wichtig sind.

Folgende Fragen können u. a. in der Führung von Teams helfen:

1. Ziele – Aufgaben

- Ist eine Vision für die Teamarbeit vorhanden?
- Sind aus der Vision Ziele und Aufgaben abgeleitet?
- Sind die Mitarbeiter für die Ziele und Aufgaben motiviert?
- Ist eine effektive und effiziente Aufgabenerfüllung (überhaupt) möglich? Stehen die entsprechenden Ressourcen zur Verfügung?

2. Position – Funktionen – Rollen

- Ist die Position des Teamleiters und der Stellvertretung geklärt?
- Sind Entscheidungskompetenzen klar?
- Ist das Team „richtig" in die Organisation eingebunden?
- Sind Rollen klar definiert?

3. Beziehungen

- Kooperiert das Team synergetisch?
- Wie ist das Teamklima?
- Wie geht das Team mit Konflikten um?
- Gibt es Außenseiter und Machtspiele?

4. Personen

- Sind die Menschen motiviert zur Teamarbeit?
- Kann sich jeder mit seinen Kompetenzen einbringen?
- Sind die Aufgaben nach der entsprechenden Qualifikation verteilt?
- Wie ist die Zufriedenheit der Teammitglieder mit der Arbeits- und Beziehungsebene des Teams?

4.3   Prophylaxe in der Organisation

4.3.1   Betriebliche Gesundheitsförderung

Es ist eine schöne zu beobachtende Entwicklung, dass in immer mehr Organisationen sich die Überzeugung durchsetzt, dass gesunde Mitarbeiter wesentlich zum Unternehmenserfolg beitragen. Dabei gestaltet man nicht nur den einzelnen Arbeitsplatz gesundheitsorientiert (z. B. Ergonomie oder Lärmschutz), sondern untersucht auch, welchen gesundheitlichen Einfluss die gesamte Organisation mit ihren Strukturen, Prozessen, der Unternehmenskultur, der wirtschaftlichen Situation etc. auf die Mitarbeiter hat und wie sie verbessert werden können.

Damit wird im Betrieblichen Gesundheitsmanagement BGM sowohl die Verhaltens- als auch Verhältnisprophylaxe und -prävention wichtig. Einzelne Ziele sind in der Abb. 4.2 genannt.

Um diese Ziele zu erreichen gibt es viele Möglichkeiten, die auch für den Umgang mit Stress sehr geeignet sind. Dabei richten sich verhaltensorientierte Angebote an den **einzelnen Mitarbeiter,** während verhältnisorientierte Angebote Wege aufzeigen, wie eine **Organisation** sich gesundheitsfördernd ausrichten kann.

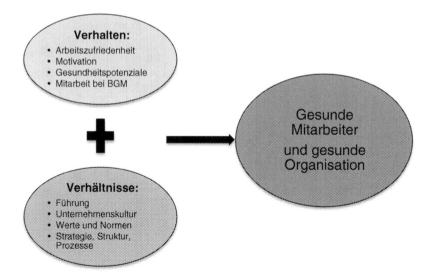

Abb. 4.2   Ziele des betrieblichen Gesundheitsmanagements

Verhaltensorientierte Angebote

- Sport und Bewegung: bewegte Pause, Gymnastik, Lauftreff, Kraft- und Fitnesskurse, Kurse für Mitarbeiter in überwiegend sitzenden Tätigkeiten (Rückenschule etc.);
- Entspannung: Yoga, progressive Muskelrelaxation (PMR), autogenes Training, Atemschule, MBSR („mindful based stress reduction");
- Ernährung: Ernährungsberatung, Gesundes Kochen;
- Beratung: Sozialberatung, Coaching, psychologische Beratung, Case- bzw. Care-Management, Karriereberatung, Betriebsarzt;
- Gesundheit: spezielle Vorsorgeuntersuchungen, Gesundheitsgespräche, Infos zu relevanten Themen.

Verhältnisorientierte Angebote

- Führung: Sensibilisierung zum Erkennen körperlicher und psychosozialer Belastungsfaktoren, Gesundheitskultur, Führungsseminare „Gesundheit";
- Anstellung: flexible Arbeitsmodelle, Sabbatical, Altersentlastungen, Mutterschafts- bzw. Vaterschaftsurlaub;
- Arbeitsgestaltung: Arbeitsumfang, Arbeitsinhalte, Arbeitsorganisation, Ressourcen, Ergonomie;
- familiengerechte Angebote: Kinderkrippen, -garten, Ferienbetreuung für Kinder;
- Gesundheitsbefragung, Gesundheitsdiagnostik zum Erkennen von Präsentismus (Magen-Darm-Erkrankungen, Rückenschmerzen, Kopfschmerzen, Schlafstörungen, Atemnot, Migräne, Depressionen);
- Beratung bei Konflikten oder Mobbing, Krisenintervention;
- Arbeitsplatzgestaltung: Ergonomie, Lärm, Emissionen;
- Unterstützung bei psychosozialen Belastungen: Trauer, Tod, Krankheit (von Angehörigen);
- Wiedereingliederung nach Krankheit: Rückkehrgespräche, unterstützendes Coaching.

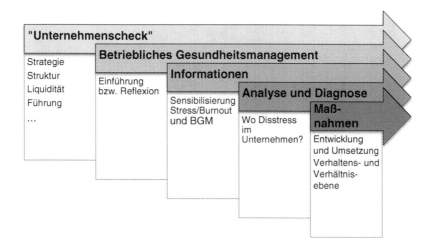

Abb. 4.3 Verhältnisprophylaxe

4.3.2 Verhältnisprophylaxe in Organisationen

Die Verhältnisprophylaxe sollte auf verschiedenen Ebenen ansetzen und verschiedene Tätigkeiten berücksichtigen (vgl. Abb. 4.3). Als prophylaktische Maßnahme im weiteren Sinne gilt es, mit dem „Unternehmenscheck" permanent die inneren und von außen wirkenden Faktoren des Unternehmens zu reflektieren. Es kann wichtig sein, das Betriebliche Gesundheitsmanagements einzuführen, bzw. Maßnahmen der gegenwärtigen BGF zu reflektieren und ggf. zu optimieren. Darüber hinaus sind Informationen zur Sensibilisierung für die Thematik Stress, Burnout und BGF nötig.

> **Die folgende „Checkliste" erläutert die einzelnen Stichworte in der Verhältnisprophylaxe**
>
> 1. Die Organisation „unter der Lupe"
>   a) Strategie: Das Unternehmen hat eine klare Strategie und weiß, wie es wichtige Veränderungen im Innern (z. B. Personalentwicklung, Kommunikationswege) auf den Weg bringt.

    b) Liquidität: Das Unternehmen überwacht ihre Finanzflüsse und sorgt für Liquidität.

    c) Führung: Es wird ein partizipativer Führungsstil gepflegt. Positionen, Rollen und Aufgaben sind geklärt und die Kommunikation ist von Wertschätzung geprägt.

    d) Kultur: Eine gute Unternehmenskultur ist klar formuliert und wird von den Mitarbeitern gelebt.

2. Betriebliches Gesundheitsmanagement

    a) Das BGM ist in der Organisation eingeführt und wird von der Unternehmensleitung aktiv unterstützt. Es werden verschiedene Aktivitäten auf Verhaltens- und Verhältnisebene durchgeführt.

    b) Das BGM wird in seinen Aktivitäten regelmäßig überprüft.

    c) Der Umgang mit Stress und Burnout ist ein wichtiges Element des BGM.

3. Informationen

    a) Die Mitarbeiter sind für die Thematik Stress und Burnout sensibilisiert.

    b) Führungskräfte wissen, wie man mit Mitarbeitern umgeht, die erste Anzeichen von Erschöpfung und Burnout zeigen.

4. Analyse und Diagnose

    a) Es werden Erscheinungsformen von Disstress im Unternehmen analysiert.

    b) Die auslösenden Faktoren werden sorgfältig beschrieben.

    c) Die Diagnose beschreibt einerseits den Istzustand und gibt gleichzeitig auch Empfehlungen für Maßnahmen.

5. Maßnahmen

    a) Maßnahmen zum BGM werden entwickelt und umgesetzt.

    b) Aktivitäten berücksichtigen sowohl die Verhaltens- als auch die Verhältnisebene.

Die „Checkliste" kann in Teams bzw. Arbeitsgruppen, bei Führungskräftemeetings, im Coaching oder bei Abteilungs- und Betriebsversammlungen besprochen werden.

Zur Verhältnisprophylaxe gehört es auch, besonders die Führungskräfte für die Thematik Stress und Burnout zu sensibilisieren.

In einem Infoworkshop können z. B. folgende Ziele verfolgt werden. Diese Ziele sind aber auch in leicht veränderter Form in Workshops für die Mitarbeitenden umsetzbar.

- Sensibilisierung der Führungskräfte für einen bewussten Umgang mit dem Thema: Veränderungen in der Arbeitswelt und die Zunahme von Disstress und Burnout;
- Vermittlung von Grundinformationen über Stress und Burnout;
- auslösende Faktoren für Stress und Burnout;
- Folgen von Disstress in Organisationen;
- die Rolle der Führungskräfte in der Prophylaxe, Prävention und Intervention;
- Interventionsebenen in der Stress- und Burnout-Prophylaxe, -Prävention und -Intervention;
- Dimensionen gesunder Führung
- Bewusstmachung der Zusammenhänge zwischen Gesundheit und Produktivität, Innovation etc.

Prävention – bei Gefahr rechtzeitig handeln

5.1 Präsentismus und Musterwiederholung als Gefahrenmomente

Im Gegensatz zur Prophylaxe, in der vorbeugend Maßnahmen auf der Verhaltens-
und Verhältnisebene gelebt werden, kommt die Prävention dann zum Zug, wenn
erste gewichtige Anzeichen von Stress und für das Entstehen eines Burnouts bei
Mitarbeitern sichtbar werden. Es geht dabei darum, eine Verschlimmerung der
Symptomatik zu vermeiden. Deshalb gilt es, sowohl medizinische und psychologische Abklärungen aufzugleisen als auch die Situation am Arbeitsplatz des Mitarbeiters zu analysieren und zu diagnostizieren.

Dadurch können Handlungsstrategien ausgearbeitet werden, die sowohl die
individuellen medizinisch-psychologischen als auch die organisationalen Faktoren berücksichtigen. Besonders der Präsentismus und die Musterwiederholung
sind als Gefahrenmomente nicht zu unterschätzen.

Unter **Präsentismus** versteht man die Tatsache, dass Mitarbeiter trotz Krankheit arbeiten. Dies geschieht aus Angst vor Verlust des Arbeitsplatzes, falsch ver-
standenem Pflichtgefühl oder Termindruck.

Die Folgen dieser Verhaltensweise können sein, dass sich eine zunächst harm-
lose Krankheit immer weiter verschlimmert, was auf Seiten der Organisation zu
zusätzlichen Fehlzeiten und damit zu zusätzlichen Kosten führen kann.

Die Gefahr der **Musterwiederholung** bei überwiegend organisational beding-
tem Burnout lässt sich durch die heutige Praxis erklären, systemische Faktoren,
die zu einem Burnout geführt haben, nicht zu berücksichtigen oder zu unterschätzen. Damit kann schon bald der nächste Mitarbeiter erkranken. Dies wird
hervorgerufen durch die Tatsache, dass Systeme (also auch Unternehmen und

© Springer Fachmedien Wiesbaden 2017   41
U. Scherrmann, *Erste Hilfe bei Burnout in Organisationen*, essentials,
DOI 10.1007/978-3-658-14511-8_5

Organisationen) sich in wiederkehrenden Mustern verhalten, um nach innen und außen Sicherheit und Stabilität zu erfahren.

Konkret bedeutet dies, dass nicht der Mitarbeiter der ausschlaggebende Faktor für das Burnout ist, sondern dass die organisationalen Belastungen zu groß und die zur Verfügung stehenden Ressourcen zu gering sind.

Eine Musterwiederholung ist immer dann sehr wahrscheinlich, wenn in einer Abteilung oder einem Team nicht nur eine Person, sondern gleichzeitig oder nacheinander mehrere Personen in großen Disstress oder in ein Burnout geraten sind. Die organisationalen Faktoren, die Person A an den Rand seiner Kräfte gebracht haben, können auch bei Person B dasselbe auslösen und bei Person C weitergehen.

Deshalb ist es sehr wichtig, im Sinne der Verhältnisprävention diese Verhaltensmuster in einer Organisation anzuschauen und die dysfunktionalen möglichst bald zu eliminieren.

5.2 Analyse und Diagnose der Ursachen

In der Regel wird einem Mitarbeiter bei Anzeichen von Erschöpfung geraten, mehr für sich zu sorgen oder sich abzugrenzen. Diese Hinweise sind zwar richtig, berücksichtigen aber nur den personalen Faktor als Ursache. Darüber hinaus ist es wichtig, auch den organisationalen Faktor zu sehen. Besonders dann, wenn mehrere Personen von Erschöpfungssymptomen heimgesucht sind, ist es naheliegend, dass Defizite oder Belastungen in der Organisation als Ursache in Frage kommen und demzufolge auch auf dieser Ebene angegangen werden müssen (s. Musterwiederholung).

5.2.1 Personale Faktoren

Erste Warnzeichen

Die folgende Liste zeigt Ihnen eine Auswahl möglicher Anzeichen von starker Belastung bei Mitarbeitenden. Die Stresssymptome können hin zu einem Burnout-Syndrom führen.

Sehen Sie diese Symptome bitte auch als mögliche Warnsignale, jedoch nicht als diagnostische Kriterien!

Körperliche Ebene

- Müdigkeit, Erschöpfung
- Klagen über Kopfschmerzen oder Verspannungen (oft im Rücken)
- Schlafstörungen
- Schwitzende oder zitternde Hände
- Appetitlosigkeit, Magen-Darm-Probleme
- Erhöhter Alkohol-, Nikotin-, Koffein- oder Drogenkonsum
- Unangenehme Ausdünstungen, z. B. „Alkoholfahne", plötzliches Benutzen starker Parfums

Emotionale Ebene

- Gereiztheit, Aggressivität, Ungeduld
- Zynismus, Sarkasmus gegenüber Kunden oder Mitarbeitenden
- Unzufriedenheit mit Arbeit, Arbeitsplatz, Team oder…
- Rückzug in „eigene Welt" (depressive Rückzugstendenzen)

Geistige Ebene

- Konzentrationsprobleme
- Tagträumerei und geistige Abwesenheit
- Zunahme von Fehlern (Flüchtigkeitsfehler)
- Geringere Arbeitsproduktivität
- (Andauerndes) Gefühl von Überforderung
- Verlust von Motivation und Freude an der Arbeit
- „Dienst nach Vorschrift"

Soziale Ebene

- Häufiges Kranksein (signifikantes Alarmzeichen!)
- Verlust, sich auf andere Menschen einzulassen (Empathie)
- Beschränkung der Kommunikation auf das absolute Minimum
- Ausdehnung von Pausenzeiten, späterer Arbeitsbeginn und/oder früheres Arbeitsende
- Verringerte Konfliktfähigkeit
- Abbruch/meiden sozialer Kontakte: in Pausen, bei Firmenaktivitäten
- Verweis auf Familien- oder Partnerschaftsprobleme

Das Gespräch suchen

Nimmt eine Führungskraft die o. a. Symptome wahr, sollte sie baldmöglichst das Gespräch mit dem Mitarbeiter suchen.

In dem Gespräch geht es nicht darum, eine Diagnose zu treffen, sondern als Führungskraft seine Beobachtungen und Wahrnehmungen mitzuteilen und diese gemeinsam mit dem Mitarbeiter zu interpretieren.

Inhalte des Gesprächs können sein:

1. Die gezielte Analyse und Diagnose der Ursachen. Dabei sollten sowohl personale, organisationale aber auch evtl. ergänzende familiäre Belastungen thematisiert werden.
2. Mögliche Veränderungen in der Organisation für den Betroffenen, z. B. hinsichtlich Arbeitsinhalt, -umgebung oder -organisation.
3. Erneute Rollenklärung und Klärung von Funktionen und Aufgaben.
4. Weitere Auslöser, z. B. mangelnde Arbeitszufriedenheit, Motivationsdefizite, zu geringe Wertschätzung usw.
5. Vereinbarung konkreter Maßnahmen, z. B. Veränderung des Arbeitsumfangs oder des Arbeitsinhalts.
6. Unter Umständen ist es wichtig, auch weitergehende ärztliche Abklärungen einzuleiten oder den Mitarbeiter an eine Fachperson (Arzt, Psychotherapeut, Coach) zu verweisen.

5.2.2 Organisationale Faktoren

Sind mehrere Mitarbeiter in einer Organisation, einem Team oder einer Arbeitsgruppe von Erschöpfungssymptomen betroffen oder gibt es eine signifikant höhere Krankenrate, ist es wichtig, die Arbeitsverhältnisse in der Organisation zu untersuchen. Dazu gibt es u. a. folgende Möglichkeiten:

Schnelltest: Wie belastet sind meine Mitarbeiter?

Die „Initiative Neue Qualität der Arbeit" hat einen guten Schnelltest für betriebliche Stressfaktoren erarbeitet (Initiative Neue Qualität der Arbeit: Kein Stress mit dem Stress. Eine Handlungshilfe für Führungskräfte, S. 12).

Schnelltest

- Wenn Neuerungen eingeführt werden, hört man v. a. Gemecker – und Bemerkungen wie „Auch das noch! Wie sollen wir das schaffen?" oder „Bringt doch alles nichts!"
- Häufiger hapert es bei uns am Informationsfluss. Manchmal werden wichtige Informationen spät oder gar nicht an Kollegen weitergeleitet. Manche Aufgaben werden deshalb erst verspätet oder auch fehlerhaft erledigt.
- Es gibt unter meinen Mitarbeitern öfter Konflikte, Konkurrenzsituationen und Querelen.
- Der Krankenstand bei uns im Team ist hoch.
- Bei fachlichen Fragen bin ich jederzeit ansprechbar, aber für persönliche Gespräche mit Mitarbeitern fehlt einfach die Zeit.
- Bei uns ist oft unklar, wer für welche Aufgabe zuständig ist. Aufgaben und Projekte werden häufiger hin- und hergeschoben.
- Wenn ich einer Gruppe Mitarbeiter begegne, habe ich manchmal das Gefühl, dass die Gespräche der Mitarbeiter verstummen.
- Oft habe ich das Gefühl, dass ich die Ergebnisse der Aufgaben meiner Mitarbeiter kontrollieren muss, damit sie auch wirklich ordentlich erledigt werden.
- Sogar meine guten Mitarbeiter wirken in letzter Zeit öfter so, als wären sie nicht ganz auf der Höhe.
- Es ist schon vorgekommen, dass meine Mitarbeiter nicht durch mich, sondern durch „Flurfunk" erfahren haben, dass Veränderungen im Team oder Entlassungen anstehen.
- Für Weiterbildung haben meine Mitarbeiter keine Zeit. Der laufende Betrieb lässt das einfach nicht zu.
- Betriebsausflug und Weihnachtsfeier würden einige in meinem Team am liebsten ausfallen lassen.

Auswertung Jeder einzelne der obigen Punkte kann infolge von länger anhaltender Belastung in einem Team auftreten.

Wenn Sie jedoch vier und mehr Aussagen ankreuzen mussten, können Sie davon ausgehen, dass das Problem nicht nur einzelne Mitarbeiter betrifft, sondern dass es bereits teamübergreifend Reibungsverluste durch dauerhaften Stress gibt: Engagement und Arbeitsqualität lassen nach, Beziehungen innerhalb des Teams leiden.

Wenn Sie sechs und mehr Punkte als zutreffend empfanden, ist das Team wahrscheinlich schon sehr erschöpft. Folgeprobleme treten auf: Mobbing oder eine extreme „Dienst-nach-Vorschrift"-Mentalität. Manche Mitarbeiter sind vielleicht häufiger krank, weil sie stressbedingte Beschwerden wie Rückenleiden entwickelt haben. Sogar Ihre Leistungsträger gehen langsam unter dem Druck in die Knie.

Online-Mitarbeiterbefragungen

Mittlerweile gibt es viele Online-Tools, die in Organisationen verschiedener Größe eingesetzt werden können.

In der Schweiz gibt es dafür z. B. die Plattform „KMU-vital" für kleinere und mittlere Unternehmen oder das „S-Tool" (www.s-tool.ch). Bei diesem wird u. a. auch eine Differenzierung in Team-, Abteilungs- und Unternehmensebene vorgenommen und eine Vergleichsmöglichkeit mit anderen Unternehmen in der Schweiz offeriert.

Weitere Online-Umfragen sind z. B. die deutsche Version des COPSOQ (Copenhagen Psychosocial Questionnaire) – www.copsoq.de oder www.medical-tex.de/Stressmonitor.

Es sei allerdings darauf hingewiesen, dass diese Online-Befragungen meist nur „grobe" (aber nützliche) Hinweise liefern können. Zur genaueren und intensiveren Analyse und Diagnose ist der Beibezug eines Organisationsberaters sehr ratsam.

Interventionen bei Burnout – entschlossen handeln

6.1 Ein kurzes Fazit

Es geschieht nicht selten, dass bei Krisenphänomenen in einer Organisation ein Aktionismus entsteht und „blind agiert" wird, d. h. es wird vergessen nach den wirklichen Ursachen zu fragen. Darüber hinaus wird auch die nötige Zeit, die man für (kreative) Lösungsansätze braucht, nicht eingeplant.

Deshalb sollen an dieser Stelle noch einmal die wichtigsten Punkte genannt werden, die es bei einem Burnout-Fall zu beachten gibt.

1. Kommt es aufgrund von individuellen oder arbeitsplatzbezogenen Faktoren zu Stresssymptomen, Schlafstörungen oder Erschöpfung und dauert dieser Zustand über Wochen bis Monate an und bildet er sich auch in kurzen Erholungsphasen nicht zurück, kann von einem Burnout ausgegangen werden.
2. Auf jeden Fall ist eine genaue medizinische Diagnostik wichtig, weil es auch sein kann, dass eine bestehende Krankheit, z. B. eine Depression oder eine andere somatische Erkrankung zur Erschöpfung am Arbeitsplatz und zum Gefühl der Überforderung führt.
3. Die Ursachen für ein Burnout können sowohl organisationaler als auch personaler Art sein. Es sei noch einmal darauf hingewiesen, dass personale oder organisationale Faktoren nur ganz selten allein für ein Burnout verantwortlich sind; meist ist eine Kombination der beiden Faktoren vorhanden.
4. Bei der Ursachenanalyse gilt es genau zu schauen, wie das Verhältnis der organisationalen Belastungen und organisationalen Ressourcen zu den personalen Kompetenzen und Ressourcen des Mitarbeiters aussieht. In der Prävention und Intervention ist dann bei diesen Punkten anzusetzen.

© Springer Fachmedien Wiesbaden 2017
U. Scherrmann, *Erste Hilfe bei Burnout in Organisationen*, essentials,
DOI 10.1007/978-3-658-14511-8_6

5. Es ist wichtig zu beachten, dass ein Mitarbeiter oder auch ein Team/eine Arbeitsgruppe „Symptomträger" sein kann. In diesem Fall leben diese das Belastende aus, das im ganzen Team/der Organisation vorhanden ist, aber nicht wahrgenommen wird.
6. Des Weiteren gilt es, ein Augenmerk auf das Phänomen der Musterwiederholung zu legen: Tauchen in einem Team oder einer Abteilung wiederholt Burnout-Fälle auf, liegt die Vermutung nahe, dass hauptsächlich organisationale Faktoren dafür verantwortlich sind.

6.2   In der Organisation intervenieren

Es versteht sich von selbst, dass nach einer genaueren Ursachenanalyse und Diagnose auch bei den erkannten Ursachen anzusetzen ist.

In der Abb. 6.1 wird deutlich, dass bei organisationalen Faktoren die Belastungen und die zur Verfügung stehenden Ressourcen in der Organisation (in den vier Bereichen „Existenzgrund", „Kultur", „Ordnung" und „Technisch-wirtschaftliche Ressourcen"), im Team, aber auch bei der einzelnen Führungskraft genauer in den Blick genommen werden müssen.

Demgegenüber sollte auf der personalen Seite darauf geachtet werden, wie ein Mitarbeiter seine Belastungen reduzieren kann, welche Kompetenzen er dazu weiter entwickeln und welche personalen Ressourcen er in Zukunft stärken kann.

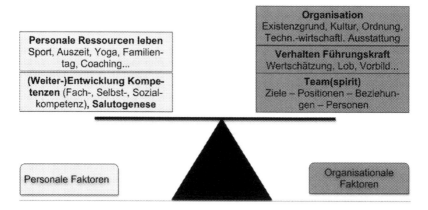

Abb. 6.1 Übersicht zur Stärkung personaler und organisationaler Faktoren

Die in diesem Buch ausgeführten Kapitel über die Verhältnisprophylaxe (Abschn. 4.3) und die Prävention bei organisationalen Faktoren (Abschn. 5.2.2) geben Hinweise auf mögliche Interventionsmöglichkeiten. Darüber hinaus verweise ich auf den Abschnitt V in meinem Buch mit Empfehlungen zur systemischen Burnout-Beratung sowie Beratungsarchitekturen und -designs.

6.3   Der Umgang mit Betroffenen

6.3.1 Situationen: plötzlicher Ausfall oder langsame Entwicklung

Die Entwicklung hin zu einem Burnout-Syndrom und/oder einer Depression kann sehr unterschiedlich verlaufen. Es kommt vor, dass Menschen plötzlich zu Hause oder am Arbeitsplatz körperlich und/oder psychisch erschöpft zusammenbrechen und in ein Krankenhaus eingeliefert werden. Sie fallen damit für den Arbeitgeber „ohne Vorwarnung" aus. Nicht selten sind dann Arbeitgeber verärgert, weil sich der Arbeitnehmer nicht mit ihnen in Verbindung gesetzt hat, um eine Stellvertretung zu regeln bzw. sie über die Krankheit zu informieren. In der Regel ist dies keine böse Absicht, sondern hängt damit zusammen, dass der Zusammenbruch so stark ist, dass die Person keine Kraft mehr hat, diese Dinge zu besprechen.

Gleichzeitig gibt es aber auch Menschen, die ihre Entwicklung hin zu einem Burnout auf irgendeine Art und Weise bemerken oder von Kollegen darauf angesprochen werden. Sie gehen dann häufig zum Arzt, der sie zunächst einmal für eine gewisse Zeit krankschreibt, um auch herauszufinden, wie eine weitergehende Behandlung aussehen kann. In diesem Fall besteht damit für eine Organisation noch die Möglichkeit, Stellvertretungen zu regeln, wichtige Arbeiten oder Projekte zu übergeben usw.

Sowohl nach einem Krankenhausaufenthalt als auch nach einer ersten ambulanten ärztlichen Untersuchung werden die weiteren medizinischen Notwendigkeiten (hoffentlich) abgeklärt. Diese können z. B. so aussehen, dass zunächst noch eine weitere psychiatrische Diagnostik erstellt wird, bevor dann eine intensive fachärztliche Behandlung oder ein ambulanter („Tagesklinik") bzw. stationärer Aufenthalt in einer Reha-Klinik erfolgt.

Es versteht sich von selbst, dass ein verständnisvoller und mitfühlender Umgang mit den Betroffenen wichtig ist. Schuldzuweisungen oder Vorwürfe („Warum hast du dich nicht gemeldet – dann hätten wir vieles organisieren können") sind kontraproduktiv und verschlimmern die Situation meist noch.

Es sei nicht verschwiegen, dass in Burnout-Fällen, bei denen größere Konflikte (z. B. mit dem Vorgesetzten) eine Rolle spielen, das „Nicht-Informieren" auch Teil einer aggressiven Reaktion sein kann, im Sinne von: „Die Person xy hat jetzt diese Krankheit bei mir ausgelöst, jetzt soll sich schauen, wie sie damit klarkommt".

6.3.2 Was kann eine Führungskraft tun?

Man kann kein standardisiertes Vorgehen für die beiden o. a. Situationen liefern; es gibt jedoch gewisse Dinge, die sich in der Praxis bewährt haben.

Ist der Mitarbeiter noch in ihrer Organisation tätig, hat sich folgendes bewährt:

1. Haben sie den Mut, Mitarbeiter bei denen sie Symptome von Stress und Burnout (siehe 5.2.1.1) feststellen, auf diese Symptome anzusprechen.
2. Teilen sie Ihre Beobachtungen nicht als „die Wahrheit" mit, sondern als eine Beobachtung, die sie beschäftigt.
3. Weisen sie ihn auf einen „Burnout-Test" hin und raten sie dem Betroffenen einen kompetenten Arzt oder Psychiater aufzusuchen.
4. Sprechen sie mit dem Betroffenen familiäre oder freundschaftliche Ressourcen an, die er nutzen kann.

Ist eine längere Arbeitsunfähigkeit des Mitarbeiters zu erwarten, und haben sie noch die Möglichkeit, mit ihm vor dem Eintritt in einen Reha-Aufenthalt Kontakt aufzunehmen, nehmen sie sich Zeit, um Stellvertretungen zu regeln und offene Fragen/Projekte usw. mit ihm zu besprechen. In einem solchen Gespräch sind folgende Punkte wichtig:

1. Geben sie dem Mitarbeiter Zeit, damit er wieder zu Kräften kommt und vermitteln sie ihm im Hinblick auf seine berufliche Zukunft diejenigen Sicherheiten, die jetzt möglich sind. Viele haben Ängste vor einer Kündigung. Sollte dies infrage kommen, thematisieren sie dies auch ganz offen.
2. Beziehen sie – wenn möglich und nötig – weitere Unterstützungspersonen ein, z. B. kompetente Coaches, Care-Manager, Psychotherapeuten oder externe Beratungsstellen. Diese können für die anschließende Rückkehr in die Organisation wichtige Unterstützungspartner sein.
3. Vereinbaren sie, wie der weitere Kontakt zwischen ihnen und dem Betroffenen aussieht, z. B. eine Mail oder ein Telefon in regelmäßigem Abstand.

4. Sprechen sie mit dem Betroffenen auch ab, wie sein „Ausfall" in der Organisation kommuniziert werden soll. Eine „neutrale Formulierung" könnte z. B. so lauten: „Herr/Frau xy ist in eine Erschöpfungssituation geraten, die es erforderlich macht, dass er/sie die nächste Zeit weitere (fach-)ärztliche Behandlungen und Rehabilitation in Anspruch nehmen muss. Ich habe mit ihm eine Übergabe seiner Arbeiten/Projekte gemacht. Die Stellvertretung übernimmt Herr/Frau xy. Es ist damit zu rechnen, dass Herr/Frau xy längere Zeit ausfällt. Es ist im Moment nicht möglich, einen genauen Zeitpunkt der Rückkehr zu nennen."

6.3.3 Rückkehr in das Unternehmen

Allgemeine Hinweise

Rechnen sie damit, dass ein Mitarbeiter bei einem Burnout und/oder einer (mittleren bis schweren Depression) mehrere Wochen oder Monate ausfallen kann. Gewöhnlich braucht die Behandlung eines Burnouts mit einer guten körperlichen und psychischen Genesung etwa sechs Monate; kommt noch eine Depression hinzu, kann sich dieser Zeitraum leicht auf ein Jahr erhöhen.

Seien sie nicht verwundert, wenn sie einen Mitarbeiter – nach einem ambulanten oder stationären Aufenthalt – bei Freizeitaktivitäten wie Wandern, Nordic Walking oder Radfahren sehen. Bewegung ist Teil vieler Therapieprogramme und eine Notwendigkeit zur Genesung. Das Treiben von Sport gibt noch keine Hinweise auf eine Arbeitsfähigkeit.

Bei vielen Betroffenen tauchen nach einer stationären oder ambulanten Auszeit Ängste und Fragen auf, z. B. ob die Kräfte ausreichen oder wie die Kollegen bei der Rückkehr reagieren werden. Nehmen Sie diese Ängste ernst.

Es ist wichtig, eine sorgfältige und – wenn möglich – auch stufenweise Wiedereingliederung anzugehen. Idealerweise beginnt dieser Prozess schon am Ende eines (ambulanten oder stationären) Klinikaufenthaltes bzw. am Ende einer psychotherapeutischen Behandlung.

Dabei kann es auch von Vorteil sein, wenn ein Vertreter der Organisation/des Unternehmens in die Klinik kommt und mit dem Mitarbeiter und dessen Arzt oder Psychotherapeuten abspricht, wie der aktuelle Stand ist und welche Schritte der Reintegration jetzt möglich und sinnvoll sind.

Bewährt haben sich auch „Arbeitsversuche", z. B. an drei Tagen drei Stunden arbeiten, um wieder erste Erfahrungen mit Belastungssituationen zu sammeln. Diese Arbeitsversuche können u. U. auch trotz 100 % Arbeitsunfähigkeit und entsprechenden Leistungen der Sozialversicherungen geschehen.

Sehr von Vorteil ist es, einen „Runden Tisch" zu vereinbaren, an dem sich möglichst viele Beteiligte für die Wiedereingliederung absprechen, z. B. Arbeitgeber, Arzt, Psychotherapeut, Coach, Betriebsarzt oder Teamleiter. Dieses Gespräch kann am Ende der Reha-Zeit (ambulant oder stationär) sein oder zu Beginn des Wiedereinstiegs in den Arbeitsprozess.

Phasen der Rückkehr

In der Regel wird ein Patient nach einem Klinikaufenthalt noch weitere zwei Wochen zu 100 % arbeitsunfähig geschrieben. Der Übergang vom Klinikaufenthalt in den Alltag ist ein nicht ganz einfacher Prozess, der vielen Patienten zunächst auch große Mühe bereitet: Sie müssen sich neu organisieren, erlernte Unterstützungsmaßnahmen (Yoga, Massage, PMR), müssen in den Alltag integriert werden usw. (vgl. Abb. 6.2).

Krankheitsbedingt ist bei vielen der Schlafbedarf noch sehr hoch und die Konzentrations- und Merkfähigkeit noch eingeschränkt. Dies ist von außen gerade bei jüngeren Mitarbeitern, die vorher vor Energie „gestrotzt" haben, kaum nachvollziehbar, aber Tatsache. Schlafbedarf von neun bis zwölf Stunden und körperliche Erschöpfung nach einem halben Arbeitstag sind keine Seltenheit.

Sollte eine Kündigung infrage kommen, schicken sie diese – wenn immer möglich – dem Mitarbeiter nicht per Post nach Hause, sondern überbringen sie die Nachricht persönlich. Suchen sie das Gespräch und erläutern sie die Sicht des Unternehmens; seien sie gleichzeitig nicht überrascht, dass der Mitarbeiter enttäuscht und ggfs. wütend reagiert. Ein solches Gespräch ist eine heikle Situation; bereiten sie es in ausreichendem Maße vor und würdigen sie auch die bisherigen Leistungen des Mitarbeiters.

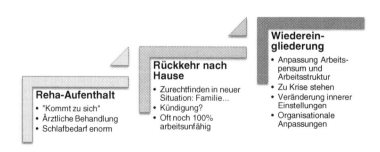

Abb. 6.2 Reha-Aufenthalt und Rückkehr in die Organisation

Das Rückkehrgespräch

Im Rückkehrgespräch, das idealerweise vor Beginn des ersten neuen Arbeitstages stattfindet, ist es wichtig, folgende Themen zu besprechen:

1. Was ist dem Betroffenen für seine Wiedereingliederung wichtig?
2. Welche Empfehlungen bekam der Betroffene von seinem behandelnden Arzt, Coach oder Psychotherapeuten? Hat der Arzt sich für gestufte Phasen der Wiedereingliederung ausgesprochen, z. B. vier Wochen 25 % Arbeitszeit, acht Wochen 50 %?
3. Wie lange wird der Prozess der Wiedereingliederung dauern? Beachten sie, dass bei einem Burnout oder einer Depression die „Heilung" nach dem Austritt aus der Klinik nicht abgeschlossen ist, sondern ein halbes bis ein Jahr dauern kann.
4. Wie kann eine „Neuaufnahme" in die Arbeitsgruppe bzw. ins Team aussehen? Was sollte dort von der Vergangenheit thematisiert werden und was braucht es für Anpassungen am Arbeitsplatz?
5. Welche Änderungen oder Anpassungen der organisationalen Faktoren sind wichtig, z. B. hinsichtlich Arbeitsinhalt, Arbeitsumgebung, Arbeitsorganisation?
6. Unterstützen sie den Mitarbeiter dabei, zu seiner Krise zu stehen und helfen sie ihm auch dabei, seine inneren Einstellungen (personale Faktoren/Antreiber...) zu verändern.

Generell gilt es zu beachten, dass die Rückkehr meist keinen gradlinigen Verlauf nimmt. Es gibt Hochs und Tiefs. Ziel sollte es sein, diejenigen Maßnahmen zu ergreifen, die dem Betroffenen helfen, langsam wieder zurück in den Arbeitsprozess zu finden.

Es hat sich in der Praxis bewährt, in regelmäßigen Abständen Gespräche mit dem Mitarbeiter zu vereinbaren, um die erzielten Fortschritte in der Wiedereingliederung zu evaluieren und weitere Schritte zu planen.

Was Sie aus diesem *essential* mitnehmen können

- Sie haben erkannt, dass Burnout im „klassischen Sinne" keine Krankheit ist, sondern als „Syndrom" behandelt wird, das von einer Depression abzugrenzen ist.
- Sie haben erkannt, dass für das Entstehen eines Burnouts das Verhältnis von organisationalen Belastungen bzw. Ressourcen und personalen Belastungen bzw. Ressourcen beachtet werden muss.
- Sie können die wichtige Unterscheidung zwischen personalen und organisationalen Burnout-Faktoren vornehmen und damit eine adäquate Ursachenforschung durchführen.
- Sie wissen als Führungskraft, wie sie zu sich selbst Sorge tragen können und welche gesundheitsförderlichen Faktoren in ihrem Führungsalltag wichtig sind.
- Sie können bei Gefahrenmomenten rechtzeitig handeln, indem sie die entsprechenden Faktoren richtig analysieren und daraus die richtigen Maßnahmen ableiten.
- Sie haben Tipps erhalten, wie Sie mit einem Mitarbeitenden, bei dem ein Burnout diagnostiziert wurde, richtig umgehen können.

© Springer Fachmedien Wiesbaden 2017   55
U. Scherrmann, *Erste Hilfe bei Burnout in Organisationen,* essentials,
DOI 10.1007/978-3-658-14511-8

Anhang: Burnout-Ampel-Fragebogen

Den Fragebogen finden Sie auch als Online-Material unter: http://extras.springer.com/978-3-662-45535-7.

© Springer Fachmedien Wiesbaden 2017
U. Scherrmann, *Erste Hilfe bei Burnout in Organisationen,* essentials,
DOI 10.1007/978-3-658-14511-8

Literatur

Antonovsky, A. (1997). *Salutogenese. Zur Entmystifizierung der Gesundheit.* Tübingen: DGVT.

Badura, B., & Hehlmann, T. (2010). *Betriebliche Gesundheitspolitik. Der Weg zur gesunden Organisation.* Berlin: Springer.

Bergner, T. (2010). *Burnout-Prävention. Sich selbst helfen – das 12-Stufen-Programm.* Stuttgart: Schattauer.

Burisch, M. (2014). *Das Burnout-Syndrom. Theorie der inneren Erschöpfung.* Heidelberg: Springer.

Burisch, M. (2015). *Dr. Burischs Burnout-Kur – für alle Fälle. Anleitungen für ein gesundes Leben.* Berlin: Springer.

Cherniss, C. (1999). *Jenseits von Burnout und Praxisschock. Hilfen für Menschen in lehren- den und beratenden Berufen.* Weinheim: Beltz.

Dech, H. (2009). Sozialmedizinische Aspekte von Burnout-Syndromen und psychosozi- ale Gesundheitsförderung als neuer Ansatz der Prävention. *Psychotherapie im Dialog (PID), 10*(3), 209–214.

Deutsche Gesellschaft für Psychiatrie, Psychotherapie und Nervenheilkunde. (2012). Positionspapier der Deutschen Gesellschaft für Psychiatrie, Psychotherapie und Ner- venheilkunde (DGPPN) zum Thema Burnout. http://www.dgppn.de/fileadmin/user_ upload/_medien/download/pdf/stellungnahmen/2012/stn-2012-03-07-burnout.pdf. Zugegriffen: 11. Juli 2014.

Deutsche Gesellschaft für Psychiatrie, Psychotherapie und Nervenheilkunde. (2013). Psy- chische Erkrankungen: verantwortungsvoller Umgang mit Diagnosen. Pressemitteilung Nr. 24 v. 28.11.2013. http://www.dgppn.de/fileadmin/user_upload/_medien/download/ pdf/presseservice-kongresse/2013/Pressemappe_PK3_fin.pdf. Zugegriffen: 15. Jan. 2014.

Fengler, J., & Sanz, A. (Hrsg.). (2011). *Ausgebrannte Teams. Burnout-Prävention und Salutogenese.* Stuttgart: Klett-Cotta.

Freudenberger, H. J. (1974). Staff Burnout. *Journal of Social Issues, 30,* 159–165.

Freudenberger, H. J., & Richelson, G. (1980). *Ausgebrannt. Die Krise der Erfolgreichen – Gefahren erkennen und vermeiden.* München: Kindler.

Gesundheitsförderung Schweiz. (2015). Job-Stress-Index 2015. Kennzahlen zum Stress bei Erwerbstätigen in der Schweiz. http://gesundheitsfoerderung.ch/assets/public/

© Springer Fachmedien Wiesbaden 2017   59
U. Scherrmann, *Erste Hilfe bei Burnout in Organisationen,* essentials,
DOI 10.1007/978-3-658-14511-8

documents/1_de/d-ueber-uns/5-downloads/Faktenblatt_010_GFCH_2015-11_-_Job-Stress-Index_2015.pdf. Zugegriffen: 6. Jan. 2016.

Glatz, H., & Graf-Götz, F. (2007). *Handbuch Organisation gestalten. Für Praktiker aus Profit- und Non-Profit-Unternehmen, Trainer und Berater.* Weinheim: Beltz.

Grisslich, P., Proske, A., & Körndle, H. (2012). Beyond Work and Life. What role does time for oneself play in work-life balance? *Zeitschrift für Gesundheitspsychologie, 4,* 166–177.

Häfele, W. (Hrsg.). (2009). *OE-Prozesse initiieren und gestalten. Ein Handbuch für Führungskräfte, Berater/innen und Projektleiter/innen.* Bern: Haupt.

Hagemann, W. (2009). *Burnout bei Lehrern. Ursachen, Hilfen, Therapien.* München: Beck.

Hillert, A. (2007). *Das Anti-Burnout-Buch für Lehrer.* München: Kösel.

Initiative Neue Qualität der Arbeit. (2014a). Kein Stress mit dem Stress. Eine Handlungshilfe für Führungskräfte. http://psyga.info/ueber-psyga/materialien/psyga-material/handlungshilfe-fuer-fuehrungskraefte. Zugegriffen: 21. Febr. 2014.

Initiative Neue Qualität der Arbeit. (2014b). Kein Stress mit dem Stress. Eine Handlungshilfe für Beschäftigte. http://psyga.info/ueber-psyga/materialien/psyga-material/handlungshilfe-fuer-beschaeftigte. Zugegriffen: 11. Juli 2014.

Initiative Neue Qualität der Arbeit. (2016). Psychische Gesundheit in der Arbeitswelt. Daten und Fakten. http://psyga.info/fileadmin/user_upload/Presse/psyGA_Daten-_und_Faktenblatt.pdf. Zugegriffen: 6. Jan. 2016.

Kaluza, G. (2015). *Stressbewältigung. Trainingsmanual zur psychologischen Gesundheitsförderung.* Heidelberg: Springer.

Känel, R. von. (2008). Das Burnout-Syndrom: eine medizinische Perspektive. *Praxis. Schweizerische Rundschau für Medizin, 97,* 477–487.

Känel, R. von. (2013). *Vortrag „Diagnostische Einordnung und Abgrenzung von Burnout".* Susch: Clinica Holistica.

Kypta, G. (2006). *Burnout erkennen, überwinden, vermeiden.* Heidelberg: Carl-Auer.

Maslach, C., & Leiter, M. P. (2001). *Die Wahrheit über Burnout. Stress am Arbeitsplatz und was Sie dagegen tun können.* Wien: Springer.

Maslach, C., & Leiter, M. P. (2007). *Burnout erfolgreich vermeiden. Sechs Strategien, wie Sie Ihr Verhältnis zur Arbeit verbessern.* Wien: Springer.

Maslach, C., Jackson, S. E., & Leiter, M. P. (1996). *The Maslach Burnout Inventory Manual* (2. Aufl.). Palo Alto: Consulting Psychologists Press.

Nelting, M. (2010). *Burnout. Wenn die Maske zerbricht. Wie man Überbelastung erkennt und neue Wege geht.* München: Mosaik.

Scherrmann, U. (2015). *Stress und Burnout in Organisationen. Ein Praxisbuch für Führungskräfte, Personalentwickler und Berater.* Berlin: Springer.

Schulze, B. (2009). Energiekrise in der Arbeitswelt? *Psychotherapie im Dialog (PID), 10*(3), 201–208.

Seliger, R. (2014). *Das Dschungelbuch der Führung. Ein Navigationssystem für Führungskräfte.* Heidelberg: Carl-Auer.

Siegrist, J. (2012). Burnout und Arbeitswelt. Vortrag im Rahmen der 62. Lindau Psychotherapiewochen 2012. www.lptw.de/archiv/vortrag/2012/siegrist.pdf. Zugegriffen: 15. Jan. 2014.

Staatssekretariat für Wirtschaft SECO. (2010). Kurzfassung der Stressstudie 2010. Stress bei Schweizer Erwerbstätigen. Zusammenhänge zwischen Arbeitsbedingungen,

Personenmerkmalen, Befinden und Gesundheit. http://www.seco.admin.ch/dokumentation/publikation/00008/00022/04731/index.html?lang=de. Zugegriffen: 21. Juni 2014.

Travailsuisse. (2015). Barometer Gute Arbeit. Bewertung der Arbeitsbedingungen aus Sicht der Arbeitnehmenden. http://www.travailsuisse.ch/system/uploadedfiles/3494/original/2015_09_09_Bericht_Barometer_v_DEF.pdf?1441957963. Zugegriffen: 6. Jan. 2016.

Uhle, T., & Treier, M. (2015). *Betriebliches Gesundheitsmanagement. Gesundheitsförderung in der Arbeitswelt – Mitarbeiter einbinden, Prozesse gestalten, Erfolge messen.* Berlin: Springer.

Unger, H.-P., & Kleinschmidt, C. (2007). *Bevor der Job krank macht. Wie uns die heutige Arbeitswelt in die seelische Erschöpfung treibt und was man dagegen tun kann.* München: Kösel.

Stichwortverzeichnis

© Springer Fachmedien Wiesbaden 2017
U. Scherrmann, *Erste Hilfe bei Burnout in Organisationen,* essentials,
DOI 10.1007/978-3-658-14511-8

Printed in the United States
By Bookmasters